Oma Heidi

Kochbiografie in Gesprächen

Christina Schmid

Inhalt

Liebe Oma Heidi,

weißt du noch, wie unser gemeinsames Buchprojekt begonnen hat? Zu Weihnachten 2010 schenkte ich dir ein leeres Buch mit linierten Seiten und der Bitte, mir deine Lebensgeschichte aufzuschreiben. Ein paar Monate später hast du mir deine ersten Aufschriebe gezeigt und gesagt, wie schwer es dir fällt, dich an deine Kindheit im Bayerischen Wald zu erinnern und dass du während des Schreibens so weinen musstest. Davon war deinen schön gemalten Buchstaben nichts anzumerken – von Emotionen keine Spur in diesen nüchternen Auflistungen von Jahreszahlen, Orten und Personen, die nichts zu tun hatten mit deinen lebhaften Erzählungen, die ich schon als Kind geliebt hatte und immer wieder hören wollte.

Also fing ich an, dir wie früher Fragen zu stellen: Wie das noch mal war auf dem Bauernhof im Bayerischen Wald **77** Landflucht und später als Hausmädchen in Metzingen, wo du die schwäbische Küche und meinen Opa Frieder kennengelernt hast; **85** Liebesgeschichte wie es überhaupt möglich war, damals schon eine Fernbeziehung über vierhundert Kilometer Distanz zu führen und so weiter. Du hast mir erzählt von deiner Kindheit, die keine war; von Weihnachten und vom Schlachten; von Arbeit, Kindern, Haushalt, Garten und Reisen; **168** Dauercamper und von dem Moment, als mein Papa bei dir in der Küche stand, um dir zu sagen, dass du Oma wirst.

Bald begann ich damit, unsere Gespräche aufzunehmen, mit dem Ziel, daraus irgendwann ein Buch zu machen. Mir fiel auf, dass deine Erzählungen immer wieder zum Kochen und Essen führen und umgekehrt bestimmte Gerichte zu Erinnerungen aus deinem Leben. Dein Leben erzählt sich also am besten in Kombination mit Rezepten, als biografisches Kochbuch – als Kochbiografie.

Schon beim Tippen der ersten Gespräche war ich fasziniert von den wundersamen Wegen deiner Erinnerung mit all ihren Sprüngen und Verweisen. Ich beschloss, möglichst nah an unseren Gesprächen zu bleiben und die Eigenheiten deiner Erzählweise beizubehalten. Das Ergebnis ist eine langsame Erzählung, die das entschleunigte Gefühl unserer gemeinsamen Tage des Kochens und Redens im Buch widerspiegelt. Manche deiner Geschichten haben etwas Märchenhaftes und du erzählst sie so behutsam und sorgfältig, wie du kochst.

Eigentlich führen wir in diesem Buch ein langes Gespräch, das schon lange vor unseren Aufnahmen begonnen hat und sich nach der letzten Buchseite fortsetzt. Das Gespräch habe ich so gestaltet, dass es im Fluss bleibt: Wo du aufhörst zu sprechen, setze ich an – so laufen die Zeilen durch das Buch wie eine Perlenkette. Uns ist jeweils eine eigene Schrift zugeordnet, passend zu unseren Händen. Meine Schrift siehst du hier schon, deine kommt im Gespräch dazu.

Unser Gespräch begleiten Kochrezepte, Familienbilder und Fotografien von unseren Händen beim Kochen, die meine Freundin Andrea von der Leiter aus eingefangen hat. Auch als wir für die Kamera in Zeitlupe kochen mussten, ist uns jedes Gericht gelungen: Der bayrische Schweinebraten mit Semmelknödeln und Blaukraut, deine berühmten schwäbischen Maultaschen, der Rote-Bete-Salat, das leckere Aprikosenkonfekt und die ayurvedische Gemüsepfanne. Die Fotos machen mir schon beim Durchblättern wieder Lust, aufs Kochen mit dir.

Deine Geheimzutat ist die Erfahrung, denn als geübte Köchin hast du es natürlich im Gefühl, wie die Konsistenz des Knödelteigs sein muss. Gemeinsam haben wir versucht, dieses Gefühl in Mengenangaben zu übersetzen. Jedes der 52 Rezepte in diesem Buch hast du immer wieder angepasst und ergänzt – allein die Rezeptur für deine schwäbischen Maultaschen hat unzählige Änderungsrunden erfahren, damit sie nun auch außerhalb deiner Küche gelingen.

Von vielen glücklichen Zufällen erzählst du mir in diesem Buch, aber auch von Lebensphasen, die es dir nicht leicht gemacht haben. Mich beeindruckt noch immer, wie dich das Kochen Tag für Tag rettete, als uns Opa Frieder plötzlich so sehr fehlte. Durch die Arbeit an unserem Buch bin ich ihm wieder näher gekommen. Was hätte er wohl dazu gesagt?

176
Singleküche

Was hat so viel Privates in einem Kochbuch verloren, hast du mich immer wieder gefragt. Du warst dir nicht sicher, ob du all deine Geschichten so detailliert abgedruckt sehen willst. Es gehört Mut dazu, so offen über die eigene Vergangenheit zu sprechen. Doch ich bin mir sicher, dass so manches

Kapitel in diesem Buch auch richtig Mut macht – weil du den Herausforderungen und Launen des Lebens immer auch mit Zuversicht und Humor begegnest.

Ob du für dich alleine kochst oder für die ganze Familie – für mich bist du der beste Beweis, dass Kochen glücklich macht. Mich macht es glücklich, mit dir zu kochen, deinen Geschichten zu lauschen und dabei die Zeit zu vergessen.

14
Familienrezepte

Ich danke dir von ganzem Herzen für dein Vertrauen, deine Offenheit und unsere gemeinsame Zeit – ich bin stolz auf dich, auf uns und auf unser Buch. Nun wünsche ich dir viel Freude beim Blättern und Entdecken, Lesen und Erinnern, Kochen und Genießen.

Deine Christina

Symbole

▶ Rezeptseite
▷ Rezept im Gespräch
⊠ Bild zum Rezept

Rezepte

Die Mengenangaben der Rezepte sind für vier Personen berechnet und die Backtemperaturen für Ober- und Unterhitze angegeben (bei Umluft etwa 20 °C abziehen).

Aufnahmegerät

Jetzt läufts.

Das ist ein Aufnahmegerät?

Das hört uns jetzt zu.

Aber ich hab doch so ne blöde Stimme.

Die Aufnahme hört ja niemand außer mir. Sie hilft mir dabei, deine Sprache festzuhalten, die ich so nie zu Papier bringen könnte. Bald merkst du gar nicht mehr, dass das Gerät zuhört, wenn du am Erzählen bist.

Ich bin gerade am Überlegen …

Wann fangen wir denn an mit Kochen?

Ja eben, weil das Fleisch langsam köcheln sollte. Ich schlage vor, du machst das jetzt aus und ich treffe die Vorkehrungen, dein Papa will ja pünktlich essen.

Familienrezepte

Oma, wie hast du eigentlich kochen gelernt?

Eigentlich habe ich erst in den zwei Wintern in Metzingen kochen gelernt, als ich als Hausmädchen in diesen zwei Familien war. Daheim im Bayerischen Wald hatte ich andere Aufgaben und nur wenig Gelegenheit, mit meiner Mutter zu kochen. Ich durfte mal Knödel mitmachen, oder Kartoffelsalat, aber selbstständig kochen habe ich daheim nicht gelernt.

▶ 15 Bayrische Semmelknödel

Dann hast du ja zuerst schwäbisch gekocht!

Ja, eigentlich schon. Als ich dann einen eigenen Haushalt hatte, habe ich mich an die Gerichte meiner Heimat erinnert, die von den eigenen Produkten aus der Landwirtschaft geprägt waren und habe versucht, sie nachzukochen. Das gelang mir auch im Laufe der Zeit und ich habe sie ausgebaut bis zur Perfektion: Es musste so schmecken, wie ich es aus meiner Kindheit in Erinnerung hatte.

Hast du dann auch mal bei deiner Mutter nachgefragt?

Immer wenn ich im Bayerischen Wald zu Besuch war, habe ich meine Mutter gefragt: Wie bekommst du die schöne Soße hin? Was ist bei den Knödeln entscheidend? Sie hat mir das immer gerne gezeigt, weil sie gemerkt hat, dass sie in der Zeit, in der ich eigentlich hätte kochen lernen müssen, keine Zeit dafür hatte, mich in den Ablauf des Kochens einzubeziehen. Peu à peu habe ich die Tricks und die Feinheiten von ihr erfahren und sie dann in meiner Küche umgesetzt.

Hast du dir ihre Rezepte aufgeschrieben?

Ja, gerade bei Knödeln, dass es alte Brötchen sein sollten und wie die Konsistenz sein muss. Wie man den Schweinebraten langsam zubereitet, damit das Fleisch hochwertig bleibt. Und wie diese bayrischen Soßen entstehen –

▶ 17 Bayrischer Schweinebraten

eben durch viele Zwiebeln und Zwiebelschalen, die ja abfärben auf den Soßenfond. In Bayern muss es nämlich eine Bratensoße sein und keine Rahm- oder Mehlsoße. Bei meiner Mutter habe ich auch gesehen, dass sie viele Gerichte mit Kümmel gemacht hat, wegen der Verdauung. Das ist typisch bayrisch.

Haben dir die Frauen in den beiden Haushalten das Kochen von Grund auf beigebracht, oder durftest du einfach machen?

Die Frauen haben mir das gezeigt, ich durfte mitkochen, weil ich ja nicht viel konnte von Bayern her, außer Pfannkuchen und Kartoffelsuppe – mit Majoran! Kartoffelsuppe gab es sehr viel bei uns, den ganzen Winter über. Kartoffeln waren eben ein eigenes Produkt. Diese Sachen durfte ich dann schon kochen, aber die Frauen haben mich angeleitet, wie es bei ihnen schmecken soll und wie man es bei ihnen zubereitet – worauf es ankommt, damit ein Gericht so wird, wie sie es gewohnt sind. Aber in erster Linie habe ich dort Tischmanieren gelernt – *Benimmsel*, wie man so sagt. Ich hatte zwar eine sehr strenge Kindheit, war also schon erzogen, aber fast schon zu erzogen. Wir hatten einfach zu funktionieren und nur zu reden, wenn wir gefragt wurden. Aber diese Feinheiten, wie man für mehrere Personen kocht, wie man sich verhält in der Gesellschaft, wie man den Tisch deckt, wie man serviert – das habe ich bei diesen zwei Familien gelernt. Bei Familie Voelter war es eine gehobene Küche. Bei Familie Wurz mussten wir, bedingt durch die Metzgerei, für acht bis zehn Leute kochen. Da habe ich mit meiner Chefin zusammen gekocht – richtig bodenständig. Sie hat mir Kartoffelschnitz mit Spätzle so toll beigebracht und wie man eine gute Rinderbrühe macht. Das kannte ich von daheim gar nicht, weil Rindfleisch gab es bei uns nicht, wir hatten ja nur die Schweine, die wir für den Eigenbedarf gefüttert haben.

▸ 21 Kartoffelsuppe

▸ 23 Gaisburger Marsch (Kartoffelschnitz und Spätzle)

▸ 29 Rinderbrühe

Wie würdest du dein Kochen heute beschreiben?

Regional und saisonal, modern, mit wertvollen Zutaten, wie gute Öle, exotische, aber auch eigene Gewürze aus der Natur und dem Garten. Also ich finde meine Kocherei toll, weil ich so viele verschiedene Richtungen habe! Wenn ich mit gleichaltrigen Frauen rede, stelle ich fest, dass ich sehr abwechslungsreich und gesund koche. Viel Gemüse, weitgehend frische Sachen, keine Fertiggerichte.

Kochst du nach Rezept?

Ich koche so lange nach Rezept, bis ich es drauf habe, verinnerlicht. Dann kann ich es frei kochen, ist ja klar. Ein gutes Rezept ist leicht zuzubereiten, also nicht zu kompliziert und aufwendig – bodenständig, und gesund. Rezepte sind aber kein Garant für gutes Gelingen. Es kommt auf die Übung an und auf die Feinheiten, damit das Ergebnis den Wünschen entspricht. Rezepte sind theoretisch und dann stellt man fest: Aha, da ist jetzt zu viel Brühe angegeben im Verhältnis zur Hirse, das ist zu weich für die Bratlinge. Wenn man ein Rezept einmal gekocht hat, weiß man, was verbesserungsfähig ist. Das schreibe ich mir dann dazu.

▶ 31
Gemüsebrühe

▶ 35
Hirsebratlinge

Wandelst du deine Rezepte ab?

Manchmal hat man nicht alles da, was im Rezept steht, dann überlege ich mir Alternativen dazu. Aber wenn ich ein Rezept das erste Mal koche, versuche ich schon, mich daran zu halten. Man kann schon auch improvisieren und Alternativen finden – Improvisieren ist überhaupt ein ganz großes Stichwort in der Küche. Durch was kann ich etwas ersetzen, was würde mir an Gewürzen mehr zusagen – meinetwegen Bärlauch statt Knoblauch, wegen der Fahne.

Was war dein erstes Kochbuch?

Das von meiner Schwägerin Ruth, das sie in der Kochschule von Hand geschrieben hat. Mein Mann hat es mit der Schreibmaschine für mich abgetippt. Am Anfang war ja mein Spektrum an Gerichten noch sehr klein. Und dann habe ich mich auf die Gerichte verlassen, die Ruth in der Haushaltsschule gelernt hatte. Da habe ich einiges übernommen. Aber je länger ich meinen Haushalt hatte, desto mehr habe ich auf bayrische Gerichte zurückgegriffen, weil die bayrische Küche so beliebt ist.

Mit bayrischen Gerichten kannst du dir deine Geschmacksheimat aufkochen!

Ganz genau.

Welches Kochbuch benutzt du heute am meisten?

Mein eigenes. Das sind alles gesammelte Rezepte in meinem Ordner: *Gesammelte Rezepte aus vier Jahrzehnten Hausmannskost*, steht da drauf. Jetzt sind es ja schon fünf Jahrzehnte! Danach koche ich das meiste. Ich würde sagen, ich koche ein Drittel Bayrisch, ein Drittel schwäbisch und den Rest ayurvedisch und modern.

Was ist dein wichtigstes Rezept?

Schweinebraten mit Knödeln und Blaukraut! ▸ 37 Blaukraut

Aber da brauchst du kein Rezept mehr! Musst du überhaupt noch in Rezepte schauen?

Beim Backen. Das macht man ja nicht jeden Tag. Wenn ich einmal im Jahr einen Rhabarber- oder Kirschkuchen mache, ▸ 43 Obstkuchen muss ich schon nachschauen. Aber ich habe mein Grundrezept, das ist dieser Standard-Mürbteigboden und ein Rahmguss, da wechseln nur die Früchte.

Welche Rezepte möchtest du unbedingt weitergeben?

Aus meiner schwäbischen Lebensphase auf jeden Fall die Maultaschen. ▸ 45 Schwäbische Maultaschen Die habe ich ja durch viel Ausprobieren so perfektioniert und mit dem bayrischen Schweinebraten ist es genau dasselbe. Und Knödel, die sollte man auch weitergeben. Oder selbstgemachte Spätzle – im Badischen heißen sie Knöpfle. ▸ 49 Spätzle Ich mache Spätzle mit dem *Spätzleschwob*. Früher hat man sie nur mit der Spätzlepresse gedrückt und mittlerweile ist man auch als schwäbische Köchin so individuell, dass man nicht mehr die Optik der maschinell hergestellten Spätzle aus der Tüte haben möchte. Man soll wirklich erkennen, dass es handgemachte Spätzle sind.

Ich schabe Spätzle ja ganz gerne.

Ich kann

nicht richtig schaben. Die müssen nicht geschabt sein, weil mit dem *Spätzleschwob* sehen sie auch ungleichmäßig aus und richtig ansprechend. Die Individualität sieht man und die spürt man auch beim Essen. Das sind so Feinheiten, die habe ich auch erst in den letzten Jahren gelernt, seit ich so für mich bin und Zeit habe. Es ist mir ein Bedürfnis, perfekt zu kochen. Das möchte ich dir gerne weitergeben, Christina.

Und all die Handgriffe, die du über Jahrzehnte perfektioniert hast. Für alles gibt es einen Grund: Die Zwiebel schneidet man so, weil …

Weil sie so gewachsen ist und weil die auch ein Schwänzle haben zum Festhalten.

Oder dass du immer Wasser im Waschbecken stehen hast. Du weißt einfach, was praktisch ist und welcher Handgriff wann kommt. Mein Kochen ist da ein bisschen chaotischer.

Das kann man nur in der Praxis lernen, indem man selber kocht und weiß, was die richtige Reihenfolge ist. Das ist entscheidend für das Gelingen eines Gerichts.

Das können nur Omas.

Das stimmt.

Hausmannskost

Und, wie schmecken dir die Spitzbuben?

Richtig gut. Mit Uromas Marmelade!

Ich hätte noch vierzig weitere Gläser Johannisbeergelee mitnehmen können, als wir das Haus meiner Eltern ausgeräumt haben. *Weiwerlgelee* haben wir in Bayern dazu gesagt. Das mochte die ganze Familie. Und wie du siehst, das hält sich lange.

Was hat deine Mutter sonst noch eingekocht?

Heidelbeeren aus dem Wald. Die gab es im Juli und August und die haben wir auch zu Marmelade verarbeitet. Aus Heidelbeeren hat meine Mutter auch manchmal Kompott gemacht, mit etwas Mehl und Sahne war das ein Abendessen. Rhabarberkompott hat sie auch gemacht, den gab es zu Dampfnudeln aus dem Ofen, *Bauzerl* heißen die bei uns.

Kochst du eigentlich auch Gemüse ein?

Ich nicht, nein. Meine grünen Bohnen aus dem Garten friere ich ein, aber Einkochen wäre besser, dann bleiben sie knackiger.

Wie macht man das?

Das ist nicht schwer: Die klein geschnittenen Bohnen in Weckgläser stecken, heißes Salzwasser darübergießen und die Gläser mit einem Gummiring verschließen und einwecken. Mit der Schwiegermutter habe ich auch mal *Gürkle* eingemacht. Die musst du erst bürsten wie verrückt, da hat der Frieder auch geholfen. Dann hat sie einen Sud gemacht aus Gurkenessig, Salz, Zucker, Zwiebeln, Senf- und Pfefferkörnern, Nelken, Lorbeerblatt, Dill und Dillblüten. Die Gläser wurden gefüllt, mit dem Gummiring verschlossen und zwanzig Minuten im Einkochkessel sterilisiert.

Wie lange halten sie sich dann?

▶ 51 Spitzbuben

▶ 57 Weiwerlgelee (Johannisbeergelee)

▶ 59 Bauzerl (Rohrnudeln)

◁ Eingekochte Bohnen

◁ Gewürzgurken

Also ein Jahr mindestens.

Deine Plätzchen sind so lecker!

Ja?

▸ 63 Bärentatzen

Eine Bärentatze muss ich noch essen. Die schmecken mir diesmal am besten. Was kommt denn da rein?

▸ 65 Zimtsterne

Das ist wie bei Zimtsternen eine Masse aus Eischnee, Zucker, geriebener Zartbitterschokolade – ich habe Blockschokolade genommen.

Aber in Zimtsterne kommt doch keine Schokolade rein!

▸ 23 Gaisburger Marsch (Kartoffelschnitz und Spätzle)

Nein, das stimmt, da kommt keine Schokolade rein. Weißt du, was wir mal noch kochen müssen: Gaisburger Marsch!

Was ist das?

Gaisburger Marsch ▹

Das ist auch eine schwäbische Spezialität, Siedfleisch mit Kartoffelschnitz und Spätzle. Das habe ich neulich für deinen Papa gemacht, aber richtig klassisch, so wie man es im Restaurant auch serviert – der war total happy. Da isst er immer zu viel, da kann man nämlich nicht mehr aufhören, wenn es richtig zubereitet ist. Meine Schwiegermutter hat es ein bisschen abgewandelt, da war es schon wieder ein eintopfmäßiges Essen. Es kommt immer auf die Zubereitung an. Man kocht Rinderbrust und in dieser Brühe kocht man dann Kartoffeln weich, geachtelt – das sind die Schnitze. Die Rinderbrust schneidet man in kleine, mundgerechte Stücke und gibt sie dann zu den Kartoffeln in die Brühe rein. Und dann reicht man Spätzle dazu.

Also man hat Kartoffeln und Spätzle in der Brühe?

Zwiebelschmelze ▹

Ja. Und dann kommt oben drauf, was eigentlich die Krönung ist und was das Gericht ausmacht: ganz viel Zwiebelschmelze. Butter mit klein geschnittener Zwiebel, gebräunt, hellgelb, also nicht braun, sondern hell – das ist wieder eine dieser Feinheiten: Zwiebeln kann man verhunzen, indem man sie zu trocken und zu braun werden lässt. Das schadet dem Gericht, es muss so sein, eine richtige, normale Zwiebelschmelze. Die kommt oben drüber. In der Schweiz habe ich mal eine Variation gegessen, das hat mir sehr imponiert: Die haben kurz bevor diese Kartoffelschnitze fertig waren eine rohe Karotte ganz fein reingehobelt, so Stifte, ganz wenig. Das sah super aus und war der Kick des Ganzen. Und dann kommt oben drauf Muskat und Petersilie. Ganz viel Petersilie, einen Teil sollte man sogar schon im Topf mit den Kartoffeln mitkochen. Das ist ein absolutes Muss, es darf richtig nach Petersilie schmecken.

Nimmst du glatte oder krause Petersilie?

Die glatte. Zum Kochen immer die glatte Petersilie. Die krause ist dekorativer, die nimmt man nur für Dekorationszwecke oder wenn man keine glatte bekommt. Das eine ist die Zierpetersilie, das andere ist die Kochpetersilie. Normalerweise sollte man Petersilie nicht kochen, aber bei Kartoffelschnitz sollte ein Teil mitgekocht werden und dann auch noch etwas frisch drübergestreut werden, mit dem Muskat und mit der Zwiebelschmelze. Das schmeckt super! Musst du mal deinen Papa interviewen.

Warum heißt der so, der Gaisburger Marsch?

Das weiß ich nicht. Meine Schwägerin Ruth hatte es auch drin in ihrem Buch von der Kochschule. Bilde dir bloß nicht ein, dass das ein einfaches Gericht ist, das ist zeitaufwendig.

Hast du Lust, das mal mit mir zu kochen?

Gern! Wir arbeiten das ab, jedes Gericht für sich. Ja, so machen wirs. Die Maultaschen haben wir schon gemacht, du weißt, wie es geht. Und diese große Menge möchte ich dir vermitteln, weil nur so lohnt sich der Aufwand.

▸ 45 Schwäbische Maultaschen

Da brauche ich aber eine Anleitung mit Fotos, sonst weiß ich nicht mehr, wie das geht.

Mit jedem Mal, mit dem ich die Maultaschen jetzt gemacht habe, wurden sie besser. Ich habe ja auch das mit dem Lauch erfunden, weil Spinat mag nicht jeder und ist auch nicht immer frisch verfügbar und das mit dem Lauch ist so toll, so pikant. Hast du die schon gegessen, die ich dir letztes Mal gebracht habe?

Ja, gleich am nächsten Tag mit Jakob! Da hat er mal wieder eine Ausnahme gemacht mit dem Fleisch.

Ist ja auch viel Gemüse drin.

Opa Frieder hat immer gesagt, das Fleisch ist ja im Nudelteig versteckt. Wurden die Maultaschen nicht extra für Freitage und die Fastenzeit erfunden? Die *Herrgottsbscheißerle*.

Ich kenne einige Leute, die weitgehend vegetarisch leben, aber wenn es so was gibt, dann sagen sie auch nicht nein, dann genießen sie es auch.

Was hat denn deine Schwiegermutter noch so gekocht?

▸ 49
Linsen und Spätzle

Linsen mit Spätzle gab es oft. Das ist einfach zu kochen und so schmackhaft.

▸ 71
Käsekuchen

Und gebacken hat sie Käsekuchen! Den hat Opa Frieder auch so gerne gegessen wie ich.

Ja, stimmt, den können wir mal machen. Muss ich nur schauen, dass ich Quark da habe.

Das muss ja nicht jetzt vor Weihnachten sein. Gibt es eigentlich Fotos von Weihnachten in Metzingen?

Gar keine. Da hat niemand einen Fotoapparat gehabt, nein. An Weihnachten waren wir immer im Bayerischen Wald, außer einmal. Da waren wir bei meinen Schwiegereltern in Metzingen. Das war das traurigste Weihnachten für uns.

Warum?

Die Leute haben es nicht gelernt, etwas zu schmücken, eine Freude zu machen. Meine Schwägerin hat mir zu Weihnachten einen Putzschwamm geschenkt. Die haben nichts eingepackt, Geschenkpapier gab es in dem Haus nicht. Und als ich dort hinkam mit all den eingepackten Geschenken – *joa mei*, da waren sie schon sehr überrascht. Ich habe dann bei meiner

Schwiegermutter im Schlafzimmer einen Tag vor Heiligabend gesehen, da hatte sie die Geschenke liegen: Für ihren Mann ein Hemd, für ihre Tochter ein Nachthemd, für den Sohn und den Schwiegersohn gestrickte Socken.

Der Schwiegersohn?

Der Kurt.

Er und die Ruth haben sich, glaube ich, beim Singen kennengelernt, im Gesangsverein. Kurt war schon immer ein begeisterter Sänger und Musikant. Frag mich nicht, welches Instrument – ich glaube Trompete. Dem Kurt zuliebe haben sie vieles geändert, auch die Zubereitung von Speisen.

Woher kommt denn der Kurt?

Der Kurt kommt aus Thüringen. Er hat in Metzingen eine Lehrstelle bekommen und dort bei seiner Tante gewohnt, die hat ihn drei Jahre bekocht und er hat sich um sie gekümmert. Bis Ruth und er verheiratet waren. Nach der Hochzeit hat er bei Ruths Eltern gewohnt, in diesem kleinen Reihenhaus im Randgebiet von Metzingen.

Habt ihr da am Anfang auch gewohnt?

Nein, wir haben gleich eine eigene Wohnung gehabt, in der Innenstadt. Der Frieder wollte sich nicht so reglementieren lassen von seinen Eltern. Frieder war eher der Rebell und seine Schwester die Brave. Sie hat die Eltern bekocht, sie hat alles geputzt und alles gemacht, was man von ihr erwartet hat. Sie hat sich nie getraut, sich gegen ihre Eltern aufzulehnen.

Du hättest dich ja auch nicht auflehnen können in deiner Familie, wenn du da nicht rausgekommen wärst.

Nein, ganz im Gegenteil, wir wurden noch viel mehr unterdrückt. Ruth durfte wenigstens am Sonntagnachmittag spazieren gehen. Ich durfte höchstens zu meiner Großmutter. Wenn mich Freundinnen abholen wollten, hat sie mein Vater vom Hof gejagt: *Wos woitsn ia do? D'Heidi hod koa Zeit, die muas oaboiten.*

Musstest du auch sonntags arbeiten?

Nein, am Sonntagnachmittag hatte ich frei, sobald ich in der Küche fertig war – aber was meinst du, was ich für Berge von Geschirr in der Küche hatte, mit acht Personen?

Acht Personen?

Wir waren ja schon vier Kinder – Werner, Annerl, Hermine und ich. Meine jüngste Schwester Hermine war damals noch klein. Und dann waren die drei alten Leute noch im Haus, denen ursprünglich der kleine Hof gehört hat. Die Besitzerin von diesem Anwesen, ihr Mann war schon gestorben, aber sein Bruder hatte das Bleiberecht und der lebte noch. Und ihr Schwager, der Sepp, der war geduldet und hat auch mitgearbeitet, der war unser Stallbursche. Für die Drei hat meine Mutter gekocht und gewaschen und alle hatten ein eigenes Zimmer, die Frau hatte das größte.

War das der Hof, der jetzt dem Werner gehört?

Ja, das war ein uraltes Schindelhaus, fast am Zusammenfallen, als es mein Vater gekauft hat. Man hat es bis auf die Grundmauern abreißen und neu mauern müssen. Ich hab Mörtel anmachen müssen. Im Schwäbischen sagt man *Speis*. Dazu braucht man einen Betonmischer, der sich immer dreht, da kommen Sand, Zement, Kalk und Wasser rein.

Auch ein Rezept!

Ja. Und je nach Sandkörnung ist es entweder für das Mauerwerk oder für den Putz. Ich musste den Mörtel anmachen und den Brei dann in eine Schubkarre kippen. Ein Maurer hat zusammen mit meinem Bruder alles hochgemauert. Einen Hilfsarbeiter hatten wir engagiert, der die Steine mit dem Flaschenzug hochgezogen hat.

Wie alt warst du da?

Da war ich dreizehn.

Wo habt ihr vorher gewohnt?

Vorher hatten wir in Fahrnbach ein kleines Häusle, zwei Kilometer

Made in West Germany

weg von Hochdorf. Gehört alles zu Bischofsmais. Das hatten wir nur zwei Jahre, dann hat es mein Vater verkauft, weil er eben dieses Ding in Hochdorf ausfindig gemacht hat. Das war total vermüllt, bis unter die Dachkante. Die Vorbesitzer haben nie etwas weggeworfen. Da waren alte Pflüge und Möbel – die hatten zwei Kriege miterlebt und Angst, dass wieder so eine schlechte Zeit kommt. Sie haben alles gehortet, alles von Quelle bestellt. Da waren ungeöffnete Kartons mit Bettwäsche, für schlechte Zeiten.

Den Quelle-Katalog gab es damals schon?

Wittweiden war eigentlich das erste Versandhaus, in der Oberpfalz, nachher kam Quelle. Jedenfalls mussten wir das Haus erst einmal in monatelanger Arbeit entrümpeln.

Davor hattet ihr aber auch schon Landwirtschaft, oder?

Da hatten wir nur zwei Kühe. Mein Vater kam erst 1949 zurück aus der russischen Kriegsgefangenschaft, da war ich fünf. Damals wohnten wir noch in dem Schindelhaus, im Austragshaus von meinen Großeltern. Da bin ich geboren, auch der Werner, auch die Annerl. Und mein Bruder Hermann, der gestorben ist, als er noch ganz klein war – in meinen Armen. Erst die Hermine ist im Krankenhaus geboren worden. Das Schindelhaus war ja so primitiv. Am Anfang hatten wir nur Petroleumlampen, kein elektrisches Licht. Um ein eigenes Standbein zu haben, hat mein Vater dann ein kleines Grundstück in Fahrnbach gekauft und zusammen mit einem Hilfsarbeiter das Haus gebaut. In diesem Haus waren wir nicht mal zwei Jahre, daran habe ich auch nicht viele Erinnerungen. Ich weiß noch, wir hatten zwei Kühe und ich musste immer die Schweine und die Hühner füttern und ich war für das Brennholz zuständig, für das kleine Holz zum Anfeuern. Das Reisig musste ich hacken und bündeln, wenn ich aus der Schule kam.

Die große Schinderei in der Landwirtschaft begann also erst mit dem Bauernhof in Hochdorf.

Als mein Vater diesen kleinen Hof

unbedingt haben wollte, wäre die Beziehung meiner Eltern fast zerbrochen, weil meine Mutter gesagt hat, *Hermann, des moch ma ned.* Das ist ja so eine Schinderei, bis wir das vom Boden wieder aufgemauert haben und dann noch die drei Leute im Haus. Und nach Hochdorf geht es immer bergauf, da ist alles hügelig, in Fahrnbach war es eben. Aber mein Vater hat sich nicht abbringen lassen. Er hat in dem Hof eine Existenz für sich gesehen, dass er es damit zu etwas bringt. Er kam aus einem ganz großen Hof und der älteste Bruder hat den ganzen Hof geerbt, seine Geschwister und er haben nur den gesetzlichen Pflichtteil bekommen, das waren damals, glaube ich, 3000 Mark. Sonst hätte der älteste Sohn den Hof ja gar nicht halten können. Das Geld hat mein Vater als Startkapital genommen, um das kleine Haus zu bauen. Und das hat er dann für 7000 Mark verkauft. Das weiß ich noch, weil ich mitbekommen habe, wie der Käufer mit meinem Vater verhandelt hat. Und dann haben wir gehört, wie sie sich per Handschlag auf 7200 D-Mark geeinigt haben. *Mei, des is obr vui Geid,* habe ich mir damals gedacht. Das war dann der Grundstock, mit dem mein Vater das Baumaterial kaufen konnte für diesen Hof, den er da ausfindig gemacht hatte. Im Winter ist er immer zum Viehhandel gegangen, weil er da nicht im Steinbruch arbeiten konnte, auch nicht im Wald. Also musste er sich im Winter einen Nebenerwerb suchen. Die Männer wurden immer nur für ein halbes Jahr beschäftigt, dann mussten sie stempeln gehen. Wie heute, zum Arbeitsamt. Naja, mein Vater hat sich also durchgesetzt und sich für dieses heruntergekommene und verwahrloste Anwesen entschieden, mit allen Konsequenzen. Da musste meine Mutter mitmachen. Sie hat damals viel geweint und mit ihrem Mann geschimpft, aber eine Frau hat da ja überhaupt nichts zu sagen gehabt. Sie wäre gerne in dem kleinen Häusle geblieben. Mit zwei Kühen haben wir unsere Milch, hat sie gesagt, wir haben eine Wiese für die zwei Kühe, wir haben unseren Acker für Kartoffeln und Gemüse, das reicht uns doch. Meinem Vater war das zu wenig. Er wollte vorwärtskommen, er wollte sich beweisen, seinen Brüdern gegenüber.

Und ihr musstet mitziehen.

Als er wieder mal so ausgerastet ist, weil er durch die Kriegsgefangenschaft so geschädigt war, habe ich zu meiner Mutter gesagt, ich hätte lieber gar keinen Vater, als so einen jähzornigen. Sie hat gemerkt, dass sie mir Rechenschaft schuldig ist und hat gesagt, *mei Heidi, der Moa woa ned so voam Krieg*. Der ist jetzt so, was soll ich denn machen? Ich muss ihn jetzt auch aushalten. Und sie musste viel aushalten.

Aber deine Mutter war stark.

Erstaunlich, diese Frau, die so wenig Liebe bekommen hat. Liebe macht ja mutig und stark, aber die hat sie ja nicht bekommen. Woher sie diese Energie hatte! Ich glaube, sie wollte sich beweisen, der Verwandtschaft gegenüber.

Dass die Anerkennung der Verwandtschaft dann doch Ansporn für alle war – für deinen Vater, diesen Hof zu bauen und für deine Mutter, die Stärke zu beweisen, es mit ihrem cholerischen Mann auszuhalten.

Wie der seine Frau gedemütigt hat! Meine Schwester Annerl sagt auch heute noch oft: *Mei Heidi, wos hama dem ois gwünschd*. Wir wussten, was diese Frau alles leisten musste, nur um ihm zu gefallen und das ging auf unsere Kosten. Den Druck, den sie von oben hatte, hat sie an uns weitergegeben, und wer war die nächste? Die war ich. Mein Bruder war ja schon in der Lehre. Ein Sohn hatte einen ganz anderen Stellenwert bei uns. Das war der Hoferbe, da muss man investieren, der muss was werden, der muss die Familie repräsentieren. Alles, was man selber nicht erreicht hat im Leben, hat man in den hineinprojiziert: Der muss das erreichen.

Hosenknöpf

Dein Vater hat seine besten Jahre im Krieg und in Kriegsgefangenschaft verbringen müssen.

Neununddreißig ging der Krieg los, da war er achtzehn.

Achtzehn!

Mit siebzehn hat er sich freiwillig gemeldet. Weil mein Vater ja keine Ausbildung hatte, nur auf dem Bauernhof seiner Eltern war und irgendwann Geld verdienen musste, ist er zum *Barras* gegangen, hat man gesagt, zum *Kommiss*. Das haben damals viele gemacht. Sie wurden sowieso eingezogen, als ein Jahr später der Krieg ausgebrochen ist.

Er hat mal zu Papa gesagt: Wir waren so blöd – dem Rattenfänger zu glauben, war der größte Irrtum meines Lebens. Das bezieht er wohl darauf, dass er sich freiwillig gemeldet hat.

Ja. Und meine Mutter hat alles getan, damit es dem Mann gut geht. Er hatte viel mitgemacht, war lange in russischer Kriegsgefangenschaft und ist bettelarm heimgekommen. Danach wollte er jedem beweisen, dass er es alleine zu was bringt. Meine Mutter hat alles in Kauf genommen und seine Bedürfnisse erfüllt, weil sie ihm ein schönes Leben bereiten wollte. Zum einen hatte sie ja schon zwei Kinder, mich und meinen Bruder. Zum anderen hat ihr mein Vater mehrfach gesagt, dass es in Russland eine Ärztin gab, die ihn gerne abgeworben hätte. Es hieß immer, die deutschen Männer waren dort sehr begehrt, weil die meistens fleißig waren und alles konnten. Darum waren die Russen angewiesen, die Arbeitskraft und das Wissen der Gefangenen möglichst an Russland zu binden. Und diese Ärztin war eben darauf angesetzt, alles zu tun, um meinen Vater im Land zu behalten. Die hätte ihn bestimmt auch gewollt, mein Vater war ein attraktiver Mann.

Aber er ist nicht geblieben.

Nein, aus Gewissensgründen, weil er zwei Kinder hatte, ist er doch wieder heim und hat auf alles, was man ihm angeboten hat, verzichtet. Er sagte, er hätte so ein tolles Leben haben können und durch die Ärztin hätten sich ihm alle Türen und Tore geöffnet.

Weiß man ja nicht.

Hat man ihm halt versprochen, er hat es wohl so erlebt. Die wird ihm das alles erzählt haben, was sie für Möglichkeiten hat und wo sie ihm überall behilflich sein kann.

Und immer wenn es daheim schwierig war, hat er das ausgepackt.

Du sagst es. Das habe ich sogar ein paar Mal selber mitgekriegt. Damals war ich vielleicht zehn. Da hörst du das und denkst, das kann doch gar nicht sein, dass ein Vater so redet. Und weil meine Mutter das immer wieder zu hören bekam, hat sie alle Register gezogen, um den Mann bei Laune zu halten. Sie hatte zwei kleine Kinder, was hätte die Frau denn machen sollen?

Und er war wütend über die verlorenen zehn Jahre. Die besten Jahre, oder? Zwischen achtzehn und achtundzwanzig stellen sich die Weichen für das Leben. Die musste er radikal aufholen.

Er kam heim mit nichts, nur mit den Klamotten am Leib. Und dort warteten zwei Kinder und eine Frau, die ernährt werden mussten.

Sind manche seiner Kameraden wirklich dort geblieben?

Mein Vater hat mal erzählt, es seien einige dort geblieben, die hier in Deutschland als vermisst gemeldet waren. Das kann stimmen oder auch nicht. Aber auch in den Zeitungen hat man später gelesen, dass einige dort geblieben sind, weil man ihnen alles versprochen hat.

Aber das mit dieser Ärztin war erst gegen Ende seiner Gefangenschaft, oder?

Natürlich.

Was musste er

dort machen?

Er musste in einem Bergwerk arbeiten. Da ist er mal verschüttet worden, dabei hat er drei Zehen verloren.

Echt?

Ja, die drei Zehen haben ihm gefehlt. Sie haben gesprengt und er kam nicht schnell genug weg. Gegen Ende der Gefangenschaft, als sie gemerkt haben, die Gefangenen müssen entlassen werden – es gab da ein Abkommen zwischen Adenauer und Russland, dass sie freikommen – wollten sie sie weichklopfen. Da haben ihn die Russen in ein Erdloch gestellt, das war nur so groß wie sein Körper. Er konnte wählen, ob er die Arme hoch- oder runternehmen will. Er hat sie lieber nach oben genommen, weil ihm sonst die Sonne den ganzen Tag auf den Kopf gebrannt hätte – das war ihm wohl bekannt oder bewusst. So wollte man sie zwingen, nicht in die Heimat auszureisen. Das hat er uns erzählt, und eben von der russischen Ärztin. Muss eine attraktive Frau gewesen sein.

Was sind denn das für Methoden, erst steckt man ihn in ein Erdloch und dann schickt man ihm eine Frau?

Ja, die war wohl auf die besonders Tüchtigen angesetzt, und mein Vater war sehr tüchtig. Der kam ja von einem großen Hof, da lernst du viel. Wenn du nirgends in die Lehre geschickt wirst, lernst du alles auf dem Hof. Und die hatten ja auch große Ländereien und Höfe dort. Da war so ein Mann begehrt. Das hat er uns also mehrmals so erzählt und wenn er uns das erzählt hat, hat er auch geweint. Da musste er manchmal abbrechen. Wir haben alle viel Verständnis für meinen Vater haben müssen. Aber ein Kind kann halt nicht verstehen, warum ein Vater so roh sein kann. Er hatte solche Brutalitäten erlebt. Er hat immer zu uns gesagt: Ihr wisst ja gar nicht, wie gut es euch geht. Wir hatten nicht einmal die Kindheit, die ihr jetzt habt. Er war der Meinung, wir hätten eine gute Kindheit im Vergleich zu ihnen und zu dem, was er im Krieg hat aushalten müssen. Und dass er unseretwegen wieder zurückgekommen ist.

Im Alter hat er dann ja auch über sich gesagt, *i hob de Himme auf de Welt*.

Ja, das hat er dann schon gesehen. Er hat sich sein Leben mit der Hilfe seiner Frau so gerichtet. Sie hat ihm den Rücken freigehalten und stand immer zu ihm, egal was er für eine Meinung hatte. Auch wenn er sie gedemütigt hat bis zum Gehtnichtmehr, was uns Kindern am meisten wehgetan hat. Weil sie sich nicht wehren konnte.

Aber sie mochte ihn irgendwie doch, oder war er nur der Ernährer? Das kann man in der Generation schwer sagen, aber glaubst du, sie hat ihn geliebt?

Sie hat ihn geliebt, wenn er normal war. Sie war schon auch stolz auf ihn, weil er attraktiv war. Begehrt war mein Vater, das habe ich schon gemerkt. So ein Charmeur, wenn du ihn in Gesellschaft erlebt hast. Ich habe es ja oft erlebt, wenn meine Tanten da waren. Meine Mutter und ich haben nur bedient, wir waren der *Geh-her-da*. Aber das hat man damals von einer Frau erwartet, dass sie eine perfekte Gastgeberin ist und der Mann unterhält den Besuch. Da habe auch ich als Kind mitbekommen, dass der Mann auch gerne Frauen, ich sag mal, für sich gewann, indem er ganz charmant war. In der Gesellschaft war er ein angesehener Mann, aber sobald alle weg waren, war er wieder das krasse Gegenteil. Wenn meine Mutter oder ich etwas falsch gemacht haben, ist er ausgerastet.

Wie war es später, als sie die Landwirtschaft nicht mehr hatten und die Enkel da waren, wurde die Beziehung zwischen deinen Eltern harmonischer?

Das hat er uns immer zu vermitteln versucht, wenn wir zu Besuch waren. Wenn wir da waren, sage ich mal, war drei Viertel Frieden, weil er sich eben zurückgenommen hat, um Frieders Wertschätzung einigermaßen zu behalten. Wenn mein Vater gemerkt hat, er kann sich jetzt nicht austoben, hat er seinen Zorn kurz geschluckt und ist rausgegangen, um sich abzureagieren.

In seine Schreinerwerkstatt?

Ja, meistens. Oder er ist spazieren gegangen. Weil er sich kannte und wusste, wie es eskalieren würde, wenn er jetzt was sagt.

Solche Strategien hätte er auch früher entwickeln können. Hast du ihm später mal deine Meinung gesagt?

Nein, ich habe das nicht gemacht, weil meine Mutter hätte das wieder ausbaden müssen. Hätte ich etwas gesagt, dann hätte ich meine Kinder nehmen und gehen müssen und dann hätte ich auch nicht mehr kommen dürfen. Dann hätte ich meinen Kindern die Großeltern genommen, die Möglichkeit, ihre Großeltern zumindest im Urlaub und an Weihnachten zu erleben – einfach Familie zu sein.

Bayernoma und Bayernopa waren für deine Söhne ja auch spannender als die Großeltern in Metzingen.

Mein Vater und meine Mutter haben alles getan für Harald und Stephan, alles. Jeden Wunsch, wenn es irgendwie ging, haben sie ihnen erfüllt. Meine Kinder haben die Großeltern als positiv erlebt. Die sind gerne hingegangen und haben sich immer schon lange vorher darauf gefreut. Meine Mutter hat ihnen Söckle gestrickt und ihnen das gekocht, was sie wollten und mein Vater war dann auch einverstanden.

Was haben Harald und Stephan dort am liebsten gegessen?

◀15 Bayrische Semmelknödel
▶59 Bauzerl (Rohrnudeln)

Knödel waren immer begehrt und diese *Bauzerl* – kannst du glauben, dass ich das Rezept verloren habe? Das Urrezept von meiner Mutter habe ich mir mal aufgeschrieben und finde es nicht mehr. Na, jedenfalls solche Sachen haben sich Harald und Stephan gewünscht, weil ich das damals noch nicht so gut konnte.

Was gab es zu den *Bauzerl* dazu?

Bauzerl ▷

Zu den *Bauzerl* hat meine Mutter am liebsten warme Milch getrunken und der Vater wollte einen Kaffee dazu. Die *Bauzerl* sind aus Hefeteig, aber nicht wirklich süß. Das ist nur Hefeteig, der ein bisschen aufgeht, und oben müssen sie schön braun sein. Dann hat meine

Mutter noch Eier darüber geschüttet und ein wenig Rahm und Zucker. Und die hat man dann so auseinanderziehen können und direkt aus der Hand gegessen. Man kann auch Zwetschgenmarmelade reinmachen, wie sie meine Mutter selber gemacht hat. Eine dicke, feste Marmelade muss das sein. Das mochten sie gerne, Harald und Stephan.

Der Unterschied zu den Zwetschgenknödeln, die wir vorhin gemacht haben, ist dann vor allem der Teig, oder?

▸ 73 Zwetschgenknödel

Das eine ist ein Hefeteig, das andere ein Kartoffel-Mehlteig. Daraus macht man auch diese *Bubespitzle* oder *Hosenknöpf*, wie wir sie bei uns nennen, weil sie die gleiche Form haben wie die Knöpfe an den Lederhosen. Hier in Schwaben heißen sie ja Schupfnudeln, das ist derselbe Teig wie die Zwetschgenknödel, nur ohne Quark. Und der wird auch genauso gerollt und immer dünner und dünner, dass daraus kurze *Spitzle* werden. Aber die Schupfnudeln hier kocht man erst im Wasser und schmelzt sie dann in der Pfanne. Meine Mutter hat sie nicht ins Wasser, sondern gleich in einer großen Pfanne in Butterschmalz gebraten, bis sie leicht braun waren. Sie wollten es knusprig, nackte Nudeln mochte mein Vater nicht. Zwischendurch musste man immer wieder an der Pfanne rütteln. Dann hat sie sie in eine Reine geschüttet und zum Warmhalten in den Backofen gestellt, bis sie alle ausgebacken hatte und die ganze Reine voll war.

▸ 77 ◃ Hosenknöpf (Schupfnudeln)

▸ 79 Ghee (Butterschmalz)

Und was gab es zu den *Hosenknöpf*?

Dazu gab es meistens saure Milch, also gestandene Milch oder normale Milch. Oder wer süß veranlagt war, konnte eingemachtes Obst dazuhaben, wie Zwetschgen, Birnen oder Kirschen aus dem Glas. Das hat man dann aber separat dazu gegessen. Wir Kinder haben auch oft Zucker drübergestreut, weil wir sonst kaum was Süßes gekriegt haben.

Aber nie so wie die Schupfnudeln hier in Schwaben, mit Sauerkraut oder als salzige Beilage?

Wenn es so süße Gerichte gab, die ja nicht lang satt halten, dann gab es vorher oft eine Suppe, meistens eine

▸ 85
Grieß- oder
Hirsesuppe

▸ 79
Ghee
(Butterschmalz)

Grießsuppe. Aber die *Hosenknöpf* waren das Hauptgericht. Aus dem Schmalz Gebackenes – bei uns hat man zu dem Butterschmalz nur Schmalz gesagt.

Und Schmalz habt ihr selber gemacht?

Das hat meine Mutter selber gemacht. Die eigene Butter ausgelassen, die ist ja sonst nur kurzzeitig haltbar. Die wird ranzig wenn du keinen Kühlschrank hast.

Aus der eigenen Milch?

Butter ▹

Ja, die habe ich gebuttert. Da habe ich die warme Milch, wie ich sie von der Kuh geholt habe, oben in eine Zentrifuge reingeschüttet. Links und rechts war ein Ablauf, auf der einen Seite ist die Magermilch rausgelaufen und auf der anderen der Rahm. Musstest du drehen, dass sich das Fett von der Milch gelöst hat. Die Magermilch hat man verfüttert an die Schweine und die Kälber. Der Süßrahm wird ja nach drei, vier Tagen sauer, in der Wärme noch schneller. Also hatte man den unten im Keller in einem großen Steingut-Behälter. Da hat man den Rahm immer dazugeschüttet und der wurde dann sauer. Und wenn er voll war, hat man ihn ins Butterfass geschüttet. Unten hat sich noch ein bisschen Molke abgesetzt und oben war der Sauerrahm. Den hat

Buttermilch ▹

man dann im Butterfass so lange gerührt, bis sich die Buttermilch vom Rahm getrennt hat. Der Rahm wurde dann Butter und die Buttermilch konnte man so trinken. Aber wir haben die nicht getrunken, die war uns zu dünn und wässrig. Die schimmerte so blau, weil kein Fett mehr drin war. Haben wir den Kälbern gegeben.

Und aus der Butter habt ihr dann haltbaren Butterschmalz gemacht.

Genau, weil Butter ja nicht so lange hält. Ab und zu hat meine Mutter auch ein Pfund Butter verkauft und

Butterschmalz ▹

den Rest hat man dann ausgelassen zu Schmalz – genau wie ich heute mein Ghee mache. Das hat man früher schon bei uns gemacht, in ganz großen Töpfen. Das Schmalz wurde dann wieder im Keller unten gelagert, in so einem Steingut-Topf.

Aber Käse

habt ihr nie gemacht, oder?

Nein, da hätten wir auch gar nicht die Menge an Milch gehabt, die man für Käse braucht. Wir hatten ja bloß fünf Kühe, das hat gerade so gereicht für die Familie. Wir waren ja so viele Leute und dann die Milch, die Butter und den Schmalz für den Eigenbedarf, da war schon einiges notwendig. Das Buttern war immer meine Arbeit. Wir hatten auch solche Holzmodel, in die haben wir die Butter reingedrückt und glattgestrichen, dann gekippt und dann sah das schön aus. Und die hat man dann verkauft.

Schön.

Den Rest hat man zu Klumpen geformt, meine Mutter hat manchmal noch ein Muster reingemacht. Abends kam dann frische Butter auf den Tisch und eigenes Schwarzbrot und Schnittlauch, das war ein Hochgenuss! Oder dann noch Radieschen und was man eben so im Garten hatte. Frische Butter war schon ein Highlight.

▶ **87**
Bauernbrot mit Sauerteig

Gartensalat

Ich lass mal eine Tasse Kaffee durch, magst du auch eine?

Oh ja, gerne. Und noch ein Plätzchen!

Du darfst alle nehmen, ich habe noch mehr.

Wenn du mich weiterhin so verwöhnst mit den vielen Plätzchen und täglichem Mittagsschlaf, werde ich noch kugelrund dieses Weihnachten!

Weihnachten ist einmal im Jahr, da darf man sündigen. Und das ist doch alles gesund! Ich kaufe das Zeug doch im Reformhaus, Christina. Das, was du an Zutaten reingibst, das bekommst du auch wieder raus. Das macht sich bemerkbar – bei allem. Auch beim Essig. Der ist übrigens ein ganz wichtiges Kriterium, mit dem kann man auch andere Gerichte abschmecken, nicht nur Salat. Schau mal, der weiße Balsamicoessig hier ist so genial. Helmut sagt immer, ich mache die beste Salatsoße.

▶ 91 Salatsoße

Wie machst du die?

Im Garten habe ich, und auch die ganze Nachbarschaft, so einen Strauch, das Maggikraut. Das heißt eigentlich Liebstöckel und wächst wie Unkraut. Und jetzt pass auf: Dieses Maggikraut habe ich abgeschnitten, die Blätter habe ich auf dem Dachboden getrocknet. Wenn man keinen Dachboden hat, dann legt man es kurz in den Backofen und trocknet die Blätter bei niedriger Temperatur. Die gibt man dann in ein Tuch, dann kann man sie zerdrücken. Und das ist die Grundsubstanz meiner Salatsoße!

Für alle Salate?

Alle Salate!

Selleriesalat ▷

Außer vielleicht Selleriesalat, da nehme ich etwas Sahne oder Mayonnaise, einen Löffel voll. Sonst alle Salate, das ist optimal. Habe ich mir selber gemacht, ganz viel. In der Nachbarschaft habe ich überall abschneiden dürfen, dieses Maggikraut, das

frisch so extrem stark nach Maggi riecht. Und schau mal: Ich habe mir das ganz fein mit … – wie habe ich das denn gemacht? Ach ja, ich hab es im Tuch drin gehabt und dann habe ich gedrückt, immer gedrückt, bis es immer feiner wurde. Zuerst bin ich mit dem Nudelholz drüber, bis es zusammengefallen ist und dann habe ich es ganz fein zerbröselt, im Tuch drin. Das musst du probiert haben! Für zwei Personen nehme ich zwei Esslöffel weißen Balsamicoessig, einen Esslöffel Wasser, einen Teelöffel Zucker oder eventuell Ahornsirup, einen Teelöffel Maggikraut, etwas Salz und schwarzen Pfeffer aus der Mühle. Eine blaue Zwiebel, ganz fein schneiden, in die Soße geben und dann gut verrühren, bis alles vermischt ist und auch die Zwiebel ihr Aroma abgegeben hat, ihre ätherischen Öle. Etwas Olivenöl und eventuell zusätzlich Walnussöl, Leinöl oder Kürbiskernöl dazugeben. Man sollte ja nicht nur eine Ölsorte zu sich nehmen. Die guten Öle sind zwar teuer, aber da reicht ein Teelöffel, ein kleines Fläschchen reicht da weit. So, dann rühre ich nochmal durch und gebe die Soße über den Salat. So mache ich den Salat an – das ist wundervoll.

◁ Salatsoße

Stimmt.

Von dem Maggikraut hatte ich nur dieses große Glas, aber das waren Blätter – eine Masse sage ich dir! Das hättest du nie für möglich gehalten. Ich hatte es erst in einem Säckchen drin, aber als ich gemerkt habe, dass es immer noch etwas Feuchtigkeit drin hatte und nie ganz trocken war, da ist mir eine Idee mit dem Backofen gekommen: Hat man doch früher auch gemacht, Kräuter getrocknet und Trockenobst gemacht, wenn der Ofen noch heiß war vom Brotbacken. Wir daheim auch: Unsere Äpfel und Birnen hat meine Mutter entweder zu Kompott verarbeitet oder klein geschnitten und getrocknet. Davon hat man auch das Früchtebrot gemacht. Das waren keine so guten Birnen, wie man sie heute kaufen kann, diese sauren Hausbirnen.

◁ Getrocknete Kräuter

◁ Trockenobst

▶ **93** Früchtebrot

Und getrocknet waren die Birnen besser?

Ja, getrocknet waren sie süß!

Wie lange muss das Obst in

den Backofen?

Das kann man so nicht sagen. Je nachdem, wie viel Feuchtigkeit die Früchte haben, wie viel Saft. Bis sie schrumpeln. Auch die Apfelringe haben wir da drin getrocknet und wenn wir viele Zwetschgen hatten, hat sie meine Mutter auch in den Backofen gelegt. Das war unsere Süßigkeit im Winter. Das mit dem Maggikraut hat mich so fasziniert, weil das so eine tolle Soße gibt und du brauchst sonst nichts. Getrockneten Liebstöckel kann man auch kaufen und die Pflanze kannst du auch in einem Topf haben, die ist völlig anspruchslos, braucht nur Licht und Wasser. Liebstöckel gedeiht überall und schießt in die Höhe.

Trockenobst ▷

Das versuche ich mal auf meinem Balkon.

Da muss ich dir eine Story erzählen, da habe ich mich sehr blamiert, aber ich musste so lachen. Ich wusste nicht, dass Maggikraut Liebstöckel ist. Jetzt pass auf: Ich hatte im Garten dieses sogenannte Maggikraut, und ich wusste mit dem nichts anzufangen, außer bei Rinderbrühe, da habe ich mal einen Zweig reingetan. Dann habe ich den Busch in meinem Garten verkleinert und irgendwann gedacht, die paar Mal, die ich da ein Blättchen brauche, das grabe ich aus, das werfe ich weg, das will ich nicht mehr. Weil das wuchert, das wird groß! Dann habe ich mal ein Rezept gesehen, da gehörte Liebstöckel rein. Da stand dabei, Liebstöckel sei das optimale Salatgewürz und würde in jedem Hausgarten gedeihen. Kommt mal der Eiermann, der hat ja im Frühjahr auch so Kräutertöpfle, dann frage ich ihn, hast du Liebstöckel? Ja, sagt er, da. Also habe ich ein Töpfle gekauft. Und als es gewachsen ist, habe ich gemerkt, dass das Maggikraut ist. Mein Gott, habe ich mich geschämt! Meins werfe ich weg und dann kaufe ich für fünf Mark so ein Töpfle! Naja, jetzt weiß ich es ja. Liebstöckel passt übrigens auch gut in Suppen rein. Weißt du, was beim flüssigen Maggi aus der Maggi-Stadt Singen die Grundsubstanz ist?

◀ 29
Rinderbrühe

Was denn?

Sherry. Hat mir der Helmut erzählt. Er hat oft bei Maggi in der Kantine gegessen, als er dann alleine war, ohne Frau. Und dort hat es wohl immer nach Sherry gerochen, das waren die Sherry-Fässer. Sonst haben die natürlich ihre Geheimrezeptur, die wird ja nicht veröffentlicht – das wirst du nie erfahren, was da drin ist. Viel Salz und Zucker ist noch drin.

Aber in Maggi ist kein Liebstöckel drin. Das Kraut wird nur so genannt, weil es ähnlich riecht wie die Maggiwürze.

Da nehmen wir doch lieber die gesunde Würze aus dem Garten.

Schlachtplatte

Ich mag, wenn du erzählst. Machst du das auch gerne?

Mittlerweile tut es mir nicht mehr weh, das habe ich jetzt gemerkt. Es gibt nicht viele gute, schöne Erinnerungen. Außer Weihnachten. Weihnachten war schön. Also zum einen, Christina, war es ein ganz großes Erlebnis für uns, dass ein Schwein geschlachtet wurde.

Wie viele Schweine hattet ihr?

So drei, vier. Zwei hat man selber für den Eigenbedarf gebraucht und zwei hat man verkauft, weil man ja auch Geld einnehmen wollte, um wieder gewisse Dinge anschaffen zu können. Das Schwein hat man also ein halbes Jahr durchgefüttert und dann wurde es ein paar Tage vor Weihnachten geschlachtet.

Warst du beim Schlachten dabei?

Da war ich dabei, weil ich auch mal Blut rühren musste!

Und wie war das?

Christina, jetzt pass mal auf. Früher hat man die Schweine ja viel fetter gefüttert, weil man den Speck auch gemocht und gebraucht hat. Um die schwere, körperliche Arbeit zu bewältigen, *brauchst nadierlich scho a guads Essn*, wie man in Bayern sagt. Da hat man den Speck nicht nur in die Wurst gemacht, sondern auch gebraten – das gab die gute Soße. Aber das war natürlich EIN Fettauge da oben! Heute füttert man Schweine noch so auf hundertzwanzig bis hundertdreißig Kilo. Mehr Fett will der Verbraucher gar nicht mehr heutzutage. Und damals hat man sie eben länger gefüttert, ein halbes Jahr etwa, dann war dieses Schwein richtig schwer und hatte dick Speck drauf.

Was hat das Schwein zu fressen bekommen?

Die haben

in erster Linie gekochte Kartoffeln bekommen, die musste ich immer in einem großen Kessel kochen, das hat dann für zwei Tage gereicht. Der Kessel war draußen und derselbe, in dem auch die Wäsche abgekocht wurde.

Im gleichen Kessel?

Der wurde ausgewaschen und dann hat ihn meine Mutter wieder zum Waschen genommen, einmal die Woche. Geschlachtet hat man ja nur einmal, höchstes zweimal im Jahr. Konnte man ja nur im Winter, wenn es kalt war. Wir hatten ja keine Gefriertruhe und keinen Kühlschrank. Das Fleisch musste man bald verwenden, weil es nur frisch blieb, solange es kalt und frostig war. Dann hat man es also im Dachboden oben aufgehängt, dieses halbe Schwein. Und wenn dann das Tauwetter begann und es milder wurde, musste man das Fleisch in eine Lake einlegen. So hat man Fleisch bei uns haltbar gemacht. Oder man hat es in Weckgläsern eingekocht. Fleischscheiben mit dem Sud in ein Glas mit Gummi und Klammer drauf und wieder in dem großen Kessel eingekocht. Und den durchwachsenen Bauch hat mein Vater im Kamin geräuchert.

Jetzt erzähl mal vom Schlachten!

Also, mein Vater oder mein Bruder haben – das habe ich nur einmal gesehen – mit dem Schussapparat in den Kopf reingeschossen. Ja, dann fällt die Sau gleich um. Bevor sie den Schussapparat hatten – da war ich aber nie dabei, das konnte ich als Kind nicht sehen, da war ich nicht stark genug – da haben sie es einfach mit einem großen Hammer auf Kopf geschlagen, zwischen die Ohren.

Und wer hat das Schwein festgehalten?

Der Verschlag war so eng, dass die Sau nur stehen konnte. Und dann hat man von vorne, so wie man hinkam, draufgeschlagen. Aber das hat man mir nur erzählt. Gesehen habe ich es wie gesagt erst mit dem Schussapparat, als es anders auch nicht mehr erlaubt war. Einfach peng und das Schwein ist umgefallen, das war alles. Es hat nicht gelitten. Dann hat man es in einen ganz großen Holztrog gelegt – der, in dem wir sonst immer den Brotteig drin hatten. Da kam die Sau rein. Mit Ketten haben sie sie festgemacht, dass man sie besser festhalten konnte. Das haben die Männer gemacht, da war ich auch nicht dabei. Dann hat man das Schwein eingerieben mit Pech, Schweinepech nennt man das, damit die Borsten weggegangen sind. Das hat meine Mutter gemacht. Ich habe am Anfang zugeschaut, aber mir grauste es vor dieser Sau, die hat so gezappelt in dem Trog.

Aber mit dem Schussapparat wurde sie doch …

Ja, doch, die war schon tot. Das waren die Lebensgeister, die noch drin waren. Über das Schweinepech kam kochendes Wasser drüber, dann sind die Borsten abgegangen. Dann konntest du die Schweinshaare abschaben, mit einer speziellen Stahlbürste haben sie das gemacht. Und für Stellen, die für den Schaber schwer zu erreichen waren, hatte mein Vater ein ganz scharfes Messer. Hinter den Ohren zum Beispiel oder an den Füßen, da, wo man halt nicht hinkommt. Rasiert.

Und deinem Vater hat das nichts ausgemacht?

Christina, glaubst du, es hat irgendjemand gefragt, ob du das kannst oder nicht? Wenn die glattrasiert war, hat man sie an den Ketten und an Seilen hochgehängt. Da hat man draußen eine Vorrichtung angebracht, aus Balken. Manche, die regelmäßig geschlachtet haben, hatten so einen Raum, in dem man es aufhängen konnte, mit Haken. Das hatten meine Eltern später dann auch. Da hat man das Schwein hingehängt und es in der Mitte aufgemacht, mit dem Beil. Zuerst mit dem Messer reingestochen und dann mit dem Beil die Rippen durch, den Brustkorb durch und dann ist das ganze Gedärm rausgefallen.

Auch in den Brotteigtrog?

Nein, nein, nicht das, das kam da nicht rein. Man hat unten so eine Blechwanne hingestellt und da kam das ganze Gedärm rein. Dieser Trog, der wurde dann auch wieder gesäubert, da hast du nichts mehr gemerkt. Und später hat man auch einen zweiten Trog gehabt. Das war halt am Anfang unserer Zeit, als wir noch sehr arm waren. Christina, das könnt ihr euch heute gar nicht vorstellen.

Deshalb reden wir ja darüber! So lange ist das ja eigentlich noch gar nicht her.

Pass mal auf, wann war das? 1963 haben wir geheiratet, ich bin 62 gegangen – ja, ich war zwei Winter in Metzingen und zwei Sommer daheim. 61 habe ich den Frieder schon kennengelernt, von 1962 an war ich im Schwäbischen und jetzt haben wir bald 2012. Fünfzig Jahre ist das her.

Erzähl mal von Weihnachten!

Also das war die einzig schöne, positive Erinnerung an meine Kindheit, Weihnachten. An Weihnachten war alles anders, da war mein Vater friedlich.

An Heiligabend?

Schon die Woche vorher. Erst mal hat man sich schon riesig darauf gefreut, dieses Schwein zu schlachten, dass man endlich mal Fleisch bekommt. Ein paar Tage vor Heiligabend war es dann soweit, da wurde geschlachtet, weil, wie gesagt, du hattest ja keinen Gefrierschrank. Du musstest den Winter nehmen, die erste kalte Zeit zum Schlachten. Und dann wollte man von diesem Schwein Leberwürste und Blutwürste, die dann über Weihnachten gegessen wurden, das war unser Festessen. Ein besseres Essen gab es das ganze Jahr nicht. Beim Schlachten haben alle mitgeholfen, haben die Därme geputzt – das haben meistens mein Vater und meine Mutter gemacht, weil die tipptopp sauber sein mussten. Man hatte damals nur Naturdärme. Nur diesen Presssack, diesen Schwartenmagen konnte man kaufen. Kennst du ja.

Kenne ich nicht.

Weißer Presssack kennst du nicht? Weißer Schwartenmagen?

Woher denn?

Naja. Dafür hat man Papierdarm gekauft, wie so ein Schlauch. Und den musste man auch füllen mit der Wurstmasse, hinten und vorne zubinden und dann hat man ihn erstmal gebrüht, wie die Leberwurst. Für diesen Presssack waren die Fleischstücke grob und in der Leberwurst ist es ja fein. Gebrüht wurde in dem großen Kessel, dafür war ich zuständig. Du musstest das Wasser immer am Sieden halten. Es durfte nicht sprudeln, aber es musste immer kurz vor – also sieden halt. Den Kessel musste ich immer von unten mit Holz heizen und wenn es zu sehr kochte, etwas kaltes Wasser dazugeben. So musstest du das beaufsichtigen, sonst ist die Leberwurst geplatzt.

Ist dir das mal passiert?

Ja, das ist jedem mal passiert, dass die eine oder andere geplatzt ist. Aber es dürfen nicht alle platzen. Wenn eine mal platzt – okay, das nimmt man in Kauf, weil das ist ja Schlachtsuppe, die isst man auch wieder – die war sehr begehrt. Dann sind sie auch aus der Nachbarschaft gekommen und haben gefragt, ob sie ein bisschen Schlachtsuppe bekommen. So, dann hat man dieses Fleisch alles klein geschnitten und das für die Leberwurst hat man durch den Fleischwolf gedreht. Das haben alles meine Mutter und ich gemacht. Die Männer das Grobe, wir das Feine. Die ersten Jahre hatten wir einen Metzger, der uns das gemacht hat. Der wurde dorthin bestellt, wo eben gerade geschlachtet wurde. Mein Bruder hat immer mitgeholfen und das mit der Zeit gelernt. Er hat ja gesehen, wo der sticht, um die Hauptschlagader zu erwischen. Wenn er die gut erwischt hat, ist das Blut schön in den Eimer reingelaufen. Da musstest du mit einem Schneebesen ganz schnell rühren. Im Blut befindet sich nämlich Fett und wenn es nicht gerührt wird, dann gerinnt es und flockt aus.

Und du hast das Blut gerührt?

Als ich alt genug war, habe ich auch mal gerührt. Insgesamt habe ich das aber nur zweimal gemacht, weil es mir da so schlecht wurde.

Das riecht ja auch.

Ja, warmes Blut, das riecht. Das musste man so lange rühren, bis es kalt war.

Und daraus hat man Blutwurst gemacht. Am Schlachttag wurde das Fleisch, das man verwurstet hat, erst einmal gekocht in dem besagten großen Kessel. Das Kesselfleisch war an diesem Tag unser Festessen und da hat man auch nicht in der Stube gegessen, sondern im Schlachthaus. Da war der Tisch, an dem man auch gewurstet hat, den hat man kurz sauber gemacht, dann hat sich jeder sein Holzbrett geholt und dann hat der Vater oder der Bruder – wer halt gerade zuständig war – das gekochte Fleisch in Scheiben geschnitten. Davon konnte sich jeder wegnehmen, was er wollte. Nur in Salz eintunken, dazu gab es Bauernbrot, für die Männer Bier und für uns ein Gläschen *Gracherl*, also süße Limo. Für das Schlachten musste ich ein paar Flaschen im Wirtshaus holen, auch für die Helfer. Das war schon mal ein Festessen. Und an Heiligabend gab es Schlachtplatte. Dafür wurde dann eben Fleisch übrig behalten, vom Kopf und ein bisschen Herz und Leber, das gab es dann an Heiligabend.

▸ **87**
Bauernbrot mit Sauerteig

Habt ihr auch Plätzchen gebacken?

Gebacken wurde im Vorfeld schon ganz viel bei uns. Weil Weihnachten die einzige Zeit war, in der es Süßes gab. Vor allem *Ausstecherle*, weil die preiswert und ergiebig waren. Die haben meine Mutter und ich gebacken, später auch mit Annerl. Meine Mutter hat den Teig gemacht und wir durften ausstechen, mit Glasur bestreichen und mit Streusel verzieren. Wir hatten immer so braune Schmalztöpfe, da hat man das Weihnachtsgebäck reingetan und das Mürbegebäck hat man in Pappschachteln aufbewahrt. Die musste ich mit Pergamentpapier auslegen und dann die Kekse reinlegen. Und meine Mutter hat sie dann versteckt, die wären sonst alle vor Weihnachten gegessen worden. Wir haben immer schon auf den ersten Advent gebacken und dann zwischendrin noch zwei, drei Mal. Hat man wieder aufstocken müssen. Aber die Plätzchen – *Zeyterl* sagen wir – gab es hauptsächlich erst an Heiligabend. Jeder bekam einen bunten Pappteller mit Weihnachtsmotiv.

▸ **99**
Zeyterl
◁ (Ausstecherle)

Die bunten Weihnachtsteller habe ich auch noch bekommen, wenn wir in Bayern waren.

Na, dann kennst du es ja. Das war das Weihnachtsgeschenk. Da hat auch niemand gemosert an Weihnachten, da hat der Vater nicht geschimpft, da hat man gebetet, gesungen und gegessen. Nach dem Essen gab es für die Männer einen Schnaps und für uns Frauen einen Likör. Der Vater hat einen *Steinhäger* oder *Schinkenhäger* getrunken, um das fette Essen zu verdauen, das war damals ein Privileg. Und dann haben sie meistens einen *Jango* zusammengekriegt, dass sie sich nicht mehr gekannt haben. Aber es waren alle friedlich, da hat niemand geschimpft. Weihnachten war bei uns Frieden. Friede, Freude, Eierkuchen. Da durften wir auch so lange aufbleiben, bis wir also freiwillig ins Bett sind.

Hattet ihr einen Weihnachtsbaum?

Ja, den hat mein Vater aus unserem Wald geholt – manchmal auch aus dem vom Nachbarn. Und der Nachbar hat seinen im nächsten Jahr bei uns geholt, das war schon fast eine Tradition. Um zehn sind wir in die Christmette gegangen, einer ist immer daheimgeblieben, das war meistens der Vater, weil das Feuer kannst du ja nicht ausgehen lassen in so einem Haus, in dem es nur eine Feuerstelle gibt. Der große Ofen in der Küche musste immer am Brennen bleiben.

Seid ihr sonst auch oft in die Kirche gegangen?

Ich musste jeden Sonntag in die Kirche. Am Heiligabend sind meine Mutter, Werner, Annerl und ich in die Christmette gegangen. Das war schön. Wenn wir heimgekommen sind hat es meistens nochmal was zu essen gegeben. So was wie einen Punsch hat meine Mutter gemacht, aus Apfelsaft. Der wurde erhitzt, mit Zimt und Nelken drin – das war fein. Und dann gab es nochmal Plätzchen. Wir sind eine Dreiviertelstunde durch den Schnee hinmarschiert und wieder so lange zurück. Da konnte es sein, dass wir nochmal was Warmes gegessen haben. Stand ja eh noch alles auf dem Ofen.

Apfelpunsch ▷

Wie war das Fleisch eigentlich zubereitet?

Sauerkraut! Das Fleisch hat man im

Kraut drin gekocht. Wir hatten eigenes Sauerkraut. Den eigenen Weißkohl haben wir gehobelt, mit einem ganz großen Hobel und dann gab es zwei Krautfässer aus Steingut, ein kleineres und ein größeres. Meine Mutter hat gehobelt und ich musste die Füße vorher ganz sauber waschen und dann das Kraut stampfen. Da wurde immer wieder Salz reingegeben und so wurde es haltbar gemacht. Das war im Herbst, wenn das Kraut reif war, im September. Bei uns im Bayerischen Wald war alles ein bisschen versetzt, wir hatten längere, starke Winter. Dann ist das im Keller gestanden und beschwert worden, mit Steinen auf einem Holzbrett. Es musste gepresst werden, dann ist es gegoren. Den Gärsaft musste man immer wieder von oben abschöpfen. Den konnte man trinken, wenn man das mochte. Wir haben ihn auch probiert, aber er war sehr herb und so kohlig. Erst wenn das Kraut vergoren war, war es haltbar. Da kam also ein großer Topf mit Kraut auf den Holzofen in der Wohnstube, ein bisschen Kümmel rein und Wasser, aber weil man noch Fleischsuppe vom Schlachttag hatte, hat man natürlich die genommen – das war vom Feinsten. Und da hat man dieses Fleisch drin gekocht. Verschiedene Fleischstücke, ein Stück Herz, ein Stück Kopffleisch – Kopffleisch ist was Gutes!

◃ Sauerkraut

◃ Sauerkrautsaft

◃ Schlachtplatte

Ja?

Ja!

Der Saukopf wurde mit dem Beil in der Mitte geteilt, da hat man das Hirn rausgeholt, mit dem Löffel, und hat daraus Hirnsuppe gemacht. Das ist gut! Das schmeckt gut!

◃ Hirnsuppe

Du weißt Fleisch noch richtig wertzuschätzen, weil du das Schwein früher ein halbes Jahr lang füttern musstest, bevor es schlachtreif war. Die ganzen Kartoffeln hättet ihr doch auch selber essen können!

Aber die Kartoffeln schmecken besser, wenn sie vorher die Sau gefressen hat.

Bauernbrot

Christina, wir haben so viel Kartoffeln essen müssen – was hätten wir gegessen, wenn wir keine Kartoffeln gehabt hätten? Der Keller war voll mit Kartoffeln bis unter die Decke, Kartoffeln waren das Hauptnahrungsmittel. Und Knödel. Also hast du Getreide gebraucht, hast dein Getreide angebaut, hast es zum Müller gebracht und mahlen lassen, hast es wieder abgeholt. Einmal im Jahr ist die Dreschmaschine in den Hof gekommen, da hat man sein Getreide gedroschen. Wenn wieder kein Mehl mehr da war, hat mein Vater einen Sack Getreide geschultert und ist damit zum Müller. Wir hatten keinen Traktor, den haben sie erst bekommen, als ich 1961 gegangen bin. Bis dahin hatten wir alles mit dem Fuhrwerk befördert. Wir hatten auch keine Rösser, am Anfang mal einen Ochsen, aber nachher war ich nur noch mit Kühen unterwegs. Die Getreidesäcke kamen auf den Anhänger, den Leiterwagen. Da hat mein Vater zwei Zentner hingebracht und nach einer gewissen Zeit wieder holen können, als Mehl. Er hatte immer so Fünfzig-Kilo-Säcke, das war ein Zentner, und davon hast du das Mehl und die Kleie gekriegt. Die Kleie haben die Rinder, Kälber und Schweine bekommen. Die musste ich immer mit Wasser anrühren und quellen lassen, dann konnte man sie am Abend verfüttern. Und das Mehl hat man zum Brotbacken genommen.

◀ 15 Bayrische Semmelknödel

▶ 87 Bauernbrot mit Sauerteig ▷

Was für Brot hat deine Mutter gebacken?

Wir hatten meistens Weizen und Roggen. Für unser Sauerteigbrot hat meine Mutter das Mehl gemischt. Den Sauerteig hat sie schon am Abend zuvor gemacht, in der Stube, weil das der einzige geheizte Raum war. Sauerteig geht nur in der Wärme auf, in der Kälte macht er keinen Zucker, so wenig wie ein Hefeteig. Der Sauerteig hat das Brot feuchter gemacht und länger haltbar. Das war natürlich kein Weißbrot, aber es war keine Schale mehr drin. Ich hatte damals keine Ahnung, ich habe das Korn gar nicht gekannt und wusste nicht, was da der

Unterschied ist – für mich war Mehl Mehl. Ich wusste nur, das dunkle verfüttert man an die Tiere und das Weißmehl nimmt man für Brot.

Hat deine Mutter die verschiedenen Mehlsorten auseinandergehalten?

Ja, wir hatten so eine Truhe in der Scheune, wo auch die landwirtschaftlichen Geräte und die Rüben untergebracht waren. Das war eine Holztruhe mit schrägem Deckel und drei Fächern, da standen die Säcke mit den verschiedenen Mehlsorten drin.

Sonst kriechen die Holzwürmer ja auch direkt ins Mehl.

Aber dieses Mehl war dann auch schnell zu verbrauchen, gell. Also das durfte man nicht allzu lange da drin haben, darum hat man das Getreide auch immer Sack für Sack mahlen lassen und nie alles auf einmal. Nur soviel, wie man vielleicht in drei oder vier Wochen verbraucht hat. Das hat mein Vater gemacht. Ich war da nie dabei, aber ich wusste, wenn er wieder zwei Säcke Getreide vom Speicher runtergeholt und auf den Wagen geworfen hat, dass er an dem Tag zum Müller fährt und dann das Mehl wieder abholen kann. Das war ein festes Ritual. Jeder hat seinen Müller gehabt. Neben dem Mehl und der Kleie gab es auch Spreu von den Spelzen.

Spreu war dann für …?

Das war Hühnerfutter.

Wie viele Hühner hattet ihr?

Viele! So dreißig, vierzig hatten wir immer. Man hat Hennen ja auch für den Eigenbedarf geschlachtet. Wenn wieder ein paar zu alt waren und nicht mehr gut gelegt haben. Das war ein Zeichen, dass man sie wegräumen muss. Wenn jemand in der Familie krank war, hat man auch ein Huhn geschlachtet und eine Hühnerbrühe gekocht. Das ist die beste Medizin! Man hat jedes Jahr junge Hühner aufgezogen, also Eier ausbrüten lassen, um den Bestand zu verjüngen. ▶ 101 Hühnerbrühe

Wie macht man das?

Naja, indem man der Henne Eier unterlegt. Das merkst du wenn eine Henne gluckt. Dann ist sie bereit, anzusitzen und zu brüten.

Hat man die getrennt von den anderen Hühnern?

Ja, die waren dann separat in einem Käfig drin. Die Henne durfte dann schon immer wieder raus zum Fressen und danach ist sie auch freiwillig wieder zu den Eiern reingegangen.

Was bekamen die Hühner zu fressen?

Getreide. Mais ist bei uns nicht so gut gewachsen. Die Lage bei uns war zu hoch, da war das Klima nicht gut für Mais. Das war mehr der Roggen, der bei uns gewachsen ist, und der Hafer, später auch Gerste. Mais hat mein Vater meistens gekauft und auch Hirse, für die jungen Küken. Die hat man mit Hirse aufgezogen und mit gekochten Kartoffeln und Wasser. Und Eierschale haben wir immer getrocknet und wenn sie ganz trocken war, hat man sie ganz fein zerrieben und ins Futter reingemischt, dass sie wieder genug Kalk hatten für die Eierbildung, für die Schale.

Das macht man doch heute auch noch, oder?

Ich denke schon. Sonst musst du deinen Hühnern ein wenig Kalk geben.

Theoretisch habe ich das alles mal gehört, als Kind. Aber diese Nähe die du zu Tieren hattest oder jetzt auch zum Schlachten oder wie die kleinen Küken dann schlüpfen …

Ja, das ist süß – die sind so süß, diese gelben Dinger! Ach, das war für mich das Größte, wenn wieder eins rausgeguckt hat unter der Henne. Dann hat man es ihr weggenommen und auf ein Kissen gelegt, um es warm zu halten. Und wenn die gebrütet hatten und es war draußen im Hühnerstall zu kalt, dann hat man die Küken ins Haus reingenommen, in eine mit Tüchern und Decken ausgelegte Holzkiste. Da hatte man die jungen Küken, bis sie soweit waren, dass man sie rauslassen konnte. Die haben immer Pieps gemacht.

Ruth, Heidi und Frieder
bei der Heuernte im Bayerischen Wald

Weiwerlgelee (Johannisbeergelee)

Etwa 1 kg Weiwerl (Johannisbeeren) (evtl. als Rispen) in einen Topf geben, mit Wasser knapp bedecken und aufkochen. In die *Flotte Lotte* geben oder durch ein Tuch drücken, den Saft im Topf auffangen.

750 g Gelierzucker (oder 1 kg Zucker) einrühren, unter Rühren mindestens 4 Min. (bei normalem Zucker mindestens 10 Min.) kochen. Sofort in heiß ausgespülte Gläser füllen, diese zuschrauben und für 5 Min. auf den Kopf stellen.

Lichtgeschützt lagern, so hält es sich über viele Jahre.

Schmeckt in Blaukraut ◂ **37** und Spitzbuben ◂ **51** oder als Brotaufstrich

Pieps, pieps.

Die Kiste hat man nur so weit offen gelassen, dass sie nicht rausspringen konnten. Die wären in der Stube rumgerannt. Haben wir auch manchmal gemacht. Wenn die Eltern nicht da waren, haben wir sie rausgelassen, diese gelben fluffigen Dinger. So ein, zwei Wochen waren die drin. Sobald die mal richtig rennen und mit der Mutter mitmarschieren konnten, hat man sie rausgelassen. Dann werden sie auch allmählich dunkler. Das war schön. Es eignet sich aber nicht jedes Ei zum Brüten.

Und woher weiß man, welche Eier sich zum Brüten eignen?

Naja, man hat ja einen Hahn. Du musst immer einen Hahn haben, sonst funktioniert es ja nicht, gell. Wenn eine Henne nicht begattet wurde, dann war das Ei auch nicht fruchtbar. Das waren dann die toten Eier, die musste man dann irgendwann rauswerfen. Die sind nicht vogelhaftig, hat meine Mutter gesagt – das wird kein Vögele.

Woran habt ihr das gemerkt?

Wenn das Ei schon lange drin war, aber nichts kam und die anderen schon geschlüpft waren, dann ist auch irgendwann die Henne nicht mehr reingehockt, weil sie genug hatte. Die haben den Instinkt, dass da eigentlich nichts rauskommen kann, weil das Ei nicht befruchtet wurde. Ich war immer zuständig für die *Singerl* – so haben wir die jungen Hühner genannt. Und für die Gänse war ich auch zuständig, die musste ich füttern. Und ich musste immer das Brennholz reinholen und jeden Tag das Heu herrichten. Da denkt jetzt ein Außenstehender, ha wieso, die haben doch das Heu da drin im Schober, da muss man doch nichts herrichten! Aber das Heu wird so gepresst, wenn das aufeinanderliegt, ist es wie eine Mauer. Mit einer Gabel, die so runde Zacken hat, musst du immer so kratzen, damit du das Heu rausbringst – das ist eine Schinderei. In der Früh und am Abend, für die Kühe. Bevor die in den Stall gegangen sind, musste das Heu bereitliegen.

Wann musstest du

morgens aufstehen?

Ja, wann sind wir in den Stall gegangen? Im Winter etwas später, ich glaube so um sechs und im Sommer, da war es ja auch früh hell, da ist man schon um fünf in den Stall, zwischen fünf und halb sechs.

Und du musstest schon so früh das Heu herrichten.

Oder am Abend vorher. Da hieß es immer, wenn ich abends in die Stube reingekommen bin: *Heidi, host du scho Hai hergricht fia moagn Fria? – Mei, hob i no ned.* Ich musste halt schauen, dass ich früh genug in den *Hoi-Stoll* gehe, weil es da hinten kein Licht gab. Ich musste das Scheunentor offen lassen, damit ich etwas gesehen habe beim Heu-Rauskratzen. Das war eine Schinderei, das war Schwarzbrotarbeit.

Danach bist du müde ins Bett gefallen.

Müde! Jetzt weißt du auch warum ich nie gelernt habe. Ich konnte nie viel für die Schule machen. Christina, ich war so erschöpft am Abend, dass ich fast am Tisch eingeschlafen bin.

Schulspeisung

Bist du eigentlich gerne in die Schule gegangen?

Die Schule war für mich Erholung. Aber daheim hatte ich ja keine Zeit zum Lernen und auch niemanden, der mir etwas gezeigt hat. Da hat es höchstens mal Ärger gegeben, wenn ich eine schlechte Note heimgebracht habe oder wenn die Arbeit schlecht ausgefallen war. Aber dass mal jemand mit mir gelernt hätte, gab es nicht. Es hat sich niemand Zeit genommen und sie haben auch nicht groß geschimpft, weil sie gewusst haben, dass nicht mehr zu erwarten ist, wenn das *Deandl* nie lernen kann.

Durfte dein Bruder mehr lernen?

Komischerweise. Mein Vater hat mit dem Werner gelernt, weil der hat das gebraucht für die Berufsschule. Sonst hätte er seine Maurerlehre nicht geschafft. Ja, den hat er schon vorbereitet. Der Werner war gut in Mathe. Er war kein Spitzenschüler, aber er war besser als ich.

In welchen Schulfächern warst du gut?

Also ich meine, dass ich gut Aufsätze schreiben konnte. In Mathe war ich nie gut, aber ich bin nie sitzengeblieben. Ich war nie die Schlechteste, ich war so im letzten Drittel. Christina, ich konnte wirklich nur das Nötigste. Lesen konnte ich gut, ich durfte auch in der Schule vorlesen. Wir hatten diese Holzpulte, wo das Tintenfässle drin war.

Hattet ihr den ganzen Tag Schule?

Zwei Tage in der Woche hatten wir ganztags Schule.

Gab es dann Mittagessen?

Nach dem Krieg, als ich in der Volksschule war, da gab es die Schulspeisung, weil die Kinder alle unterernährt waren. Wir auch, wir hatten zwar Milch und Kartoffeln, aber uns haben ja andere Sachen gefehlt, die man in der Zeit gar nicht bekommen hat. Milch alleine hat dich am Leben erhalten, und das Brot, das es zum Einbrockeln gab. Du bist nicht verhungert. Aber untergewichtig war ich immer. Schlechter ging es denen, die keine Landwirtschaft hatten. Da mussten sich die Eltern beim Bauern zum Helfen anbieten, damit sie ein wenig Naturalien bekamen, für die Familie. Für die Schulspeisung hatte jeder so einen Aluminiumbehälter, wie eine Milchkanne, nur kleiner. Und da kam dann ein Wagen – ich weiß nicht mehr, war das ein Auto? Ich denke, das war ein Auto. Jedenfalls stand da so ein Kessel, du musstest dich anstellen und hast dann einen Schöpfer Erbsensuppe bekommen. Was gab es denn noch? Also ich kann mich nur an Erbsensuppe erinnern, und an Kaba.

Immerhin.

Das gab es aber nur die ersten Jahre nach dem Krieg. Ich bin 1950 in die Volksschule gekommen, ich glaube zwei, drei Jahre gab es diese Schulspeisung.

Und dann ging es langsam wieder aufwärts mit der Ernährung.

Ganz genau. Dann haben die Leute alle Arbeit gehabt und konnten sich wieder was leisten. Zu uns sind auch manchmal Frauen gekommen, deren Mann nicht mehr heimgekommen ist, der also vermisst war. Die haben gefragt, ob sie uns helfen können, sie würden gerne für Naturalien arbeiten. Die hatten zwei, drei Kinder und keinen Mann, also mussten sie schauen, wie sie ihre Kinder durchbringen. Dann haben sie uns bei der Ernte geholfen, bei der Getreide- oder Kartoffelernte. Ach, und die Rübenernte war ja so mühsam! Diese großen Rüben, bei uns hat man *Gunkeln* gesagt.

Waren das Zuckerrüben?

Nein, Zuckerrüben hat man bei uns zwar auch angebaut, aber wir selber nicht. Das waren Futterrüben. Schlichtweg wie Kohlrabi musst du dir das vorstellen, nur viel größer. Die waren irre schwer. Auf dem Feld musstest du diese schweren *Gunkeln* zuerst mit dem Kraut rausziehen, dann die Erde abklopfen, dann hast du mit einem Messer die feinen Wurzeln weggemacht und die Erde abgekratzt, hinten das Kraut abgehackt und dann die Rübe auf einen Wagen geworfen. So hast du das auf dem Acker gemacht, den ganzen Tag, bis du hundemüde warst. Was meinst du, wie schwer die waren! Daheim musste die Heidi abladen. Da hat man den Wagen vor den Vorratskeller gestellt. Das war ein ganz normaler Leiterwagen aus Holz, später war es dann ein Wagen mit Gummibereifung. Dann hat die Heidi jede einzelne *Gunkel* da runterkugeln lassen, durch das kleine Fenster in den Keller, wo der Vater ein Brett hingelegt hat. Dann musstest du irgendwann wieder runterschlupfen – in dem Keller konntest du nämlich nicht stehen, der war nicht so hoch. Buckelig musstest du da reingehen und mit den Händen alle Rüben in ein anderes Eck transportieren, damit der Nachschub wieder Platz hatte. Und dann musste ich jeden Tag in einem Korb Rüben raufholen und waschen. Vor dem Haus hatten wir einen Brunnen, da habe ich sie gewaschen. Dann mussten sie in so eine Holzkiste rein, die stand vor dem Stall, und dann musste ich sie kleinhacken. Das war Futter für die Kühe, die Schweine, die Gänse.

Aber die Futterrüben kann man selber nicht essen?

Doch, die kann man schon essen. Die schmecken wie Kohlrabi, nur etwas herber. Und später, als es uns dann besser ging, da war ich so fünfzehn, sechzehn, dann hat mein Vater tatsächlich so eine Schnetzelmaschine irgendeinem Bauern gebraucht abgekauft. Wie einen Fleischwolf in groß musst du dir das vorstellen: Oben war ein Einfüllstutzen, da hat man die Rüben reingetan. Man hat sie nicht im Ganzen reingebracht, du musstest sie immer noch vierteln. Und dann hast du da gedreht und es hat die Schnitzel rausgehauen. Das war natürlich viel einfacher. Das war alles meine Arbeit. *Geh her da*, hieß es immer. Dann drin im Haus, Christina – alle Arbeiten, die du dir vorstellen kannst, das hat die Tochter gemacht. Ich war die Magd. Ich muss sagen, ich kam mir vor wie eine Leibeigene, anders kann ich es gar nicht bezeichnen. Da war meine Mutter mal ganz entsetzt, als ich das zu ihr gesagt habe.

Aber du hast es gesagt?

I muas owai oaboiten. Meine Freundinnen haben auch mal Freizeit, die dürfen sich auch mal treffen. Ich komme mir vor wie so ein Sklave. Du, da war aber *das Heu herunten*, das hättest du hören sollen: Dass ich mir das erlaube, so undankbar zu sein. Die haben mich als Rebell angesehen, nur wegen der Aussage, ich komme mir vor wie so ein Sklave. Dann hat meine Mutter gesagt: Was bin dann ich? Aber du hast es ja gewählt, ich habe keine Wahl! Ich hab das auch nicht gewollt. Das hat sie hundertmal gesagt. Was soll ich den machen, mit vier Kindern? Ich kann nicht einfach davonlaufen! Dann habe ich wieder nichts mehr gesagt. Dann hab ichs halt wieder geschluckt. Ich war sauer, dass sie mir diese ganze Arbeit zumutet, die eigentlich für eine Erwachsene ist und nicht für so ein zartes Persönchen, wie ich es war. Aber sie hatte ja auch keine andere Wahl. Die Frau war fleißig – es ist unglaublich, was die geleistet hat.

Wie lange haben sie den Hof noch bewirtschaftet, nachdem du weg warst?

1962 bin ich gegangen, 1963 habe ich geheiratet, war aber den Sommer über noch daheim. Gebaut haben wir 1973. In der Zeit, als wir das Haus in Fridingen gebaut oder bestellt haben, da hat mein Vater sich noch ein eigenes Haus gebaut, etwas oberhalb. Sie haben zur gleichen Zeit gebaut wie wir. Sie haben alles selber gemacht, Stein auf Stein. Und ursprünglich hätte mein Bruder auch mir mein Haus gemauert.

Aber?

Aber mein Vater war nicht bereit, die Landwirtschaft alleine zu machen, solange der Werner bei uns ist, stell dir vor! Und wir hatten mit Werners Hilfe gerechnet. Und dann hat der Frieder gesagt, weißt du was? Der braucht uns da nicht zwicken, dann kaufen wir uns halt ein Fertighaus. Weil der Frieder damals so was noch nicht konnte. Werner und Annerl haben uns dann immerhin beim Keller geholfen, das war schon eine große Hilfe. Das Haus haben wir 1973 bekommen. 1975 sind dann meine Eltern in ihr neues Haus

Standesamtliche Hochzeit
Heidi und Frieder

Bärentatzen

6 Eiweiß	und
250 g Zucker	in einer Schüssel schaumig rühren.
500 g gem. Mandeln	
½ TL Zimt	
3 EL ger. Schokolade	und
Schale von ½ Zitrone	dazugeben.
	Aus dem Teig walnussgroße Kugeln formen und in
braunem Zucker	drehen, in eine Muschelform drücken und wieder herauslösen, indem man mit der Kante leicht gegen die Arbeitsfläche schlägt.
	Ein Backblech mit
etwas Butter	einfetten und mit
Mehl	bestäuben, die Bärentatzen daraufsetzen und über Nacht trocknen lassen.
	Am nächsten Tag bei 180 °C etwa 15–18 Min. backen.
	Abkühlen lassen, in einer Blechdose bis Weihnachten aufbewahren oder gleich essen.

gezogen und mein Vater hat die Landwirtschaft aus gesundheitlichen Gründen an den Werner abgeben müssen. Er war da erst achtundfünfzig.

Hatte ja aber auch schon viel gearbeitet in seinem Leben.

Zum einen das, und zum anderen war mein Vater lange Zeit krank, er war lange außer Gefecht. Er hatte Lungentuberkulose – er war immer ein starker Raucher. Der hat die Landwirtschaft in diesem Alter nur ungern abgegeben. Da war er doch erst jemand, da hat er sein Ding hochgebracht, da hatte er sein Ziel erreicht. Dann kam aber die Zeit, als meine Mutter eine Operation hatte und die Milchkannen nicht mehr heben konnte. Meine Schwägerin Vroni hat sie zwar unterstützt, aber für eine Frau allein war es nicht machbar, die schweren Milchkannen in den Ort vorzubringen, an den Brunnen, wo das Milchauto die Kannen abgeholt hat. Morgens früh um sechs, abends wieder um sechs.

Gemolken wurde also zweimal täglich? Hast du das auch gemacht?

Nein, melken habe ich nie richtig gelernt. Ich konnte es zwar ein bisschen, aber ich habe viel zu lange gebraucht. Entweder hatte ich die Technik nie begriffen, oder ich hatte die Kraft nicht, mit meinen zierlichen Händen.

Hast du noch Erinnerungen an deine Schulzeit, an Lehrer, an Mitschüler? Ich erinnere mich an eine Geschichte, die du mir als Kind erzählt hast, von dem Mädchen, das in der Schulbank vor dir saß …

… die so wunderschöne dunkle Haare hatte. Das war das Nachbarsmädle von meiner Patentante, Erna hieß sie. Das Mädchen hat mich fasziniert, weil sie so schöne Haare hatte. Sie war auch so sanftmütig und hat mich gelassen. Es hat mich nicht jede in ihre Haare fassen lassen. Und weil ich so schlechte Haare hatte, habe ich natürlich die Mädchen, die Locken und lange dicke Zöpfe hatten, verehrt. Die Erna saß vor mir und ich habe immer ihre Haare geflochten. Zur Strafe habe ich zwar keine Schläge bekommen, aber ich musste immer schreiben: Ich soll während des Unterrichtes keine Haare flechten. Das musste ich so und so oft schreiben. Das ging mit dreißig Mal los und das wurde dann gesteigert bis zu hundert oder zweihundert Mal, je nachdem wie stark die Bestrafung sein sollte. *Hots dem Deandl wieda Hoar gflochtn, muss se wieda schreibn*, hat meine Mutter gesagt, wenn sie es mitgekriegt hat. Es gab einen Lehrer, der hat mir dann manchmal mit dem Zollstock auf die Finger gehauen, wenn er es gesehen hat. Wenn er gemerkt hat, aha, jetzt ziehe ich wieder die Hände von meiner Vorderfrau zurück, dann ist er vorbeigelaufen und hat so reingehauen. Keinen Ton verloren, einfach drauf, zack. Das war also meine große Leidenschaft. Wenn ich Strafe bekommen habe, dann nur fürs Haare Flechten.

Und sonst, war es streng in der Schule?

Ich denke heute oft darüber nach, auch bevor wir uns jetzt getroffen haben, habe ich über meine Schulzeit nachgedacht – wieso fehlt da so viel? Es fehlt mir ganz viel. Entweder war alles so negativ – und es war viel negativ in der Schule. Die Schule als solche habe ich quasi abgespult. Ich habe den Sinn der Schule gar nicht begriffen, dass ich da etwas lernen soll, das für mich ist. Das hat mir ja niemand vermittelt. Der Stoff aus der Schule wurde daheim nie abgefragt, also konnte ich das Erlernte ja nirgends anwenden. Ich hatte keine Möglichkeiten, keine Materialien zum Üben, weißt du, irgendwas zu schreiben, lose Blätter oder so. Die Schulhefte mussten wir auf ein Minimum reduzieren, weil die Geld gekostet haben. Genauso ein Bleistift oder ein Radiergummi – die musste ich hüten!

Hattet ihr von Anfang an Hefte?

Nein, in der Volksschule hatten wir eine Schiefertafel mit einem Schwamm dran, zum Abwischen, bis man in der fünften Klasse war, dann hatte man Hefte. Ich hatte auch kein Papier zum Notizen machen. Keinen Zeichenblock, keinen Spiralblock, kein gar nichts.

Aber später dann einen Mann, der Schreibwaren verkauft hat.

Ja, das war ein

Eldorado für mich.

Das war auch für mich das Paradies, wenn mich Opa mal mitgenommen hat zum Schreyer!

Für mich auch, wenn er mich in die Weihnachtsausstellung mitgenommen hat. Da durfte ich mir immer Dinge aussuchen, wie Weihnachtskugeln, Geschenkpapier oder Briefpapier. Dreißig Prozent hat er es billiger bekommen, zum Einkaufspreis.

Seltsam, dass du sonst keine Erinnerungen hast an deine Schulzeit.

An eine sehr liebe Lehrerin kann ich mich erinnern, die war super! Der Lehrer in der Volksschule, Herr Gundermann hieß er, war sehr streng. Und dann hatten wir nochmal einen Lehrer, das war ein Älterer, der war auch kein Bayer, an den kann ich mich gar nicht so erinnern, nur noch wie er aussah. Dann noch diese Lehrerin, die hat mich fasziniert: Die hatte Engelshaare.

Die Haare …

Wenn du nie so richtig gut bist, dich nie etwas traust, nie den Mund aufmachst, so eingeschüchtert bist – wie soll ichs sagen, meine Mitschüler waren alle cleverer, die haben sich getraut, was zu sagen und waren stark, weil sie von Haus aus so bestärkt wurden.

Hattest du Schulfreundinnen?

Ich hätte schon welche haben können, aber es durften ja keine zu mir kommen! Was meinst du, wie ich deshalb ausgegrenzt wurde? Du gehst sechs Tage die Woche in die Schule und die Mädels machen unter der Woche aus, was sie am Sonntag machen. Da haben sie sich getroffen, sind spazieren gegangen oder an einen Bach zum Baden, nur die Heidi durfte nicht mit. Sie sind auf den Hof gekommen und mein Vater hat sie fortgeschickt. Manchmal haben sie es auch geschafft, ins Haus reinzukommen, in die Stube. *Wos woitsn ia doh, wo kimmtsn ia her, wer seidsn ia?* Wir gehen mit der Heidi in die Klasse. *Joa und? Wo gherstn du hi?* Die meisten haben sie ja eh gekannt, aber es kam auch mal ein Flüchtlingsmädle – so haben sie damals die Flüchtlinge genannt, die nach dem Krieg flüchten mussten, aus Schlesien oder aus Polen oder aus Preußen. Und die haben dann halt bei uns Unterkunft bekommen. Da musste auch jeder Bauer eine Familie aufnehmen, wenn er genügend Wohnraum hatte.

Hat dein Vater auf das Flüchtlingsmädchen anders reagiert?

Nein. Aber wenn sie evangelisch waren, das war auch nicht recht. Da hat meine Mutter gesagt, mit der brauchst dich *fei ned* anfreunden, die ist evangelisch. Bei uns waren alle katholisch, nur die Flüchtlingsmädle waren evangelisch. Die haben auch nicht am Religionsunterricht teilgenommen. Die durften dann heimgehen und wenn die Religionsstunde zwischendrin war, mussten sie solange draußen warten.

Weißt du etwas über die Einstellung deines Vaters zum Nationalsozialismus oder war das gar kein Thema? – Nein? Deine Generation wollte das noch gar nicht so genau wissen, das hat wohl erst später angefangen, dass da nachgefragt wurde. Ich glaube, Papa hat mit deinem Vater darüber gesprochen.

Auch der Frieder hat mit meinem Vater viel über so was geredet. Aber ich kannte seine Gesinnung nicht, mich hat das damals auch gar nicht interessiert. Die haben oft politisiert, mit dem Frieder konnte man das aber auch.

Das habe ja selbst ich gerne mit ihm gemacht, obwohl ich wenig Ahnung von Politik habe, aber ich hatte das Gefühl, er nimmt mich trotzdem ernst.

Ja, das hat ihm imponiert, dass du so gerne diskutierst.

Opa war auch nie festgefahren, das hat mir gefallen. Er hat erzählt, was er gelesen hat, um es dann zu diskutieren.

Der Frieder war nie fanatisch. Offen bleiben ist so wichtig!

SOLINGEN ROSTFREI

Scheiterhaufen

Christina, jetzt sage ich dir mal, was man alles aus Brotresten machen kann: Zum Beispiel Brotsuppe, das hat meine Mutter oft gemacht. Da schneidest du Brot in dünne Scheiben und gibst sie in eine emaillierte Schüssel. Bei uns war die weiß mit blau – wir in Bayern sind ja die Weiß-Blauen. Dann hat meine Mutter kochendes Wasser darüber geschüttet und darin einen Brühwürfel aufgelöst. Bei uns kannte man gar keine selbstgekochte Fleisch- oder Gemüsebrühe, das war bei uns überhaupt kein Thema, das kannte niemand. Man hat ja nur ein- bis zweimal im Jahr ein Schwein geschlachtet und dann hatte man diese Schlachtsuppe – im Bayrischen sagt man *Britsuppn*, im Schwäbischen *Metzelsupp*. Da hat man alles drin gekocht, was man nachher verwurstet hat. Den Kopf, die Füße, alles was man sonst nicht verwerten konnte, hat man in die Wurst reingetan.

▶ 105

◁ Brotsuppe

Wie bist du jetzt von Brotresten wieder zur Wurst gekommen?

Durch den Brühwürfel bin ich abgekommen. Also, meine Mutter hat so einen Maggi-Brühwürfel in dem Wasser aufgelöst und hat es über das Brot geschüttet. Dann musste das eine Weile stehen, bis das Brot aufgeweicht war. Und dann musste ich eine Einbrenne machen. Eine Einbrenne besteht aus Schmalz, Zwiebel und Mehl. Und die musste leicht braun sein, damit sie diesen gebrannten Geschmack hatte – wie halt eine Einbrenne sein muss. Viele Leute machen das auch an die Linsen dran, dass sie gebunden werden. Ich mache das nicht mehr. Früher habe ich das auch gemacht, weil ich gemeint habe, das muss so sein, dabei ist das gar nicht notwendig. Die Einbrenne hat man also oben auf die Brotsuppe gegeben und dann kam die große Schüssel auf den Küchentisch. Wir hatten eine große Eckbank und da saßen wir alle – wir waren acht, neun Leute: Vier Kinder, diese drei alten Leute, von denen mein Vater dieses Anwesen auf Rentenbasis erworben hatte, und meine Eltern. Und dann haben

◁ Einbrenne

alle aus der Schüssel gegessen. Nein, jetzt fällt es mir wieder ein: Der Philipp und der Sepp durften nicht aus unserer Schüssel essen, das wollten meine Eltern nicht, die hatten jeder eine eigene.

Und Brotsuppe gab es oft?

Ja, vor allem im Winter, wenn man kein Kraut oder keine Kohlrabi mehr hatte. Im Sommer gab es Kohlrabisuppe. Und im Winter eben diese typische bayrische Brotsuppe. Die durfte aber nicht zu flüssig sein! Da musste man das Wasser vorsichtig zuschütten und dann erst einmal abwarten und schauen, wie viel das Brot aufnimmt – das durfte nicht schwimmen. Wenn du das zwei, drei Mal gemacht hast, weißt du, wie viel Wasser du für eine Schüssel brauchst.

Hat das geschmeckt?

Wenn du sonst nichts hast, schmeckt das auch.

Ich habe mal eine Brotsuppe ausprobiert, die war nicht so toll.

◂ 31 Gemüsebrühe

Das wäre heute schon toll, wenn man eine schöne Gemüsebrühe dazunimmt. Und die Einbrenne war die Krönung. Je mehr Einbrenne oben drauf war, umso besser hat es geschmeckt. Wenn ich zu wenig gemacht hatte, haben meine Männer protestiert. Dann haben sie gesagt, das sei ein Arme-Leute-Essen, dann könne man wenigstens genug Einbrenne oben drauf haben.

Immerhin das hast du kochen dürfen.

Das durfte ich machen und Kartoffelsuppe durfte ich auch kochen. Oder heiße Milch mit eingebrockeltem Brot, das war auch so ein Abendessen.

Habt ihr auch mal Arme Ritter gemacht?

Gebackene Semmel ▹

Ja, wollte ich dir gerade sagen! Aber bei uns hat man nicht so gesagt, das ist so neuzeitlich, Arme Ritter. Wir haben gebackene Semmel gesagt. Da hat man Semmel zentimeterdick in Scheiben geschnitten, kurz in Milch eingeweicht, dann in Ei gewälzt und in der Pfanne mit Butterschmalz auf beiden Seiten gebraten, bis die Eier geflockt sind und dann hat man immer Zucker und Zimt darübergestreut. Das gab es, wenn ich Sonntags zu meiner Großmutter gegangen bin. Die hat im Nachbarort gewohnt und war ganz alleine in ihrem Austragshaus.

Was ist denn ein Austragshaus?

Auf dem Land war das der Seniorensitz für die alten Bauern. Jeder Bauernhof hatte nebenan ein kleines Häusle und wenn die alten Leute abgedankt und den Hof dem Sohn übergeben haben, mussten sie ja auch irgendwo wohnen. Dann sind sie in den Austrag gegangen, wie man so sagt. Und da hat die Mutter von meinem Vater gewohnt. Von ihrem Sohn hat sie Naturalien bekommen: Eier, Milch, Mehl – alles, was es auf dem Hof hatte, also vor allem diese Grundnahrungsmittel. Geld hat sie ja keines gehabt, nur eine Altersrente von damals fünfzig Mark, das die Bauern eingezahlt haben. Mehr Geld hatte sie nicht. Und wenn sie also gar nichts anderes im Haus hatte, hat sie mir diese gebackenen Semmeln gemacht.

Semmelknödel habt ihr ja auch gemacht.

◂15 Bayrische Semmelknödel

Aber nicht von unserem Brot, das war Schwarzbrot, daraus konnten wir keine Knödel machen. Das Knödelbrot hat man gekauft, einmal die Woche beim Bäcker im Ort. Später ist dann so ein Verkaufswagen vom Nachbarort gekommen, der ist jedes Sträßle und Gässle im Dorf abgefahren und hat dort seine Kundschaft beliefert. Brot, Kuchen, süße Stückle, Semmel. Freitags ist er meistens gekommen und da hat man dann so viele Semmel gekauft, dass es für die Knödel am Sonntag gereicht hat. Und eben auch für solche süßen Gerichte wie gebackene Semmel oder Ofenschlupfer. Bei uns sagt man dazu Scheiterhaufen, weil da die Brotscheiben so geschichtet werden. So, jetzt weißt du, was man aus altem Brot machen kann. Heute mache ich meistens Semmelbrösel daraus, die kannst du immer brauchen.

▸107 Scheiterhaufen (Ofenschlupfer)

▸ 113
Walnussmakronen

Ich habe noch so viele Walnüsse. Ich glaube, ich mache die Walnussmakronen noch.

Ich habe auch noch eine Bananenkiste voll Walnüsse, von Jakobs Familie.

Toll, Walnüsse sind so wertvoll! Für die Makronen brauchst du dann bloß noch Puderzucker und Eischnee. Und die sind so lecker! Das Rezept habe ich von meiner Mutter. Aber bei ihr sind sie immer auseinander gelaufen, weil sie das Rezept nicht befolgt hat. Man muss nämlich den Eischnee im Wasserbad stabilisieren.

Schreibst du mir das Rezept von heute Mittag noch auf?

Kann ich machen. Aber ich schreibe nur die Zutaten auf, weil du hast ja jetzt gesehen, wie man einen Braten macht.

Allein die Zutaten reichen aber nicht, dann machen wir das jetzt zusammen.

▸ 115
Lammbraten ▷

Also, das war Lammbraten. Das Fleisch rundum in Ghee und Rapsöl anbraten. Zwiebeln und Wurzelgemüse – das müssen wir definieren: Karotten, Sellerie, Petersilienwurzel und eine Knoblauchzehe. Grob würfeln, dazugeben und mit anrösten und dann salzen und pfeffern. Mit Brühe ablöschen, seitlich zugießen, immer vom Topfrand her. Zwei Lorbeerblätter, ein Sträußchen Thymian, drei Nelken und dann noch Pimentkörner dazugeben. Ich glaube, das war alles. Mit Deckel auf kleiner Flamme köcheln lassen. Eine knappe Stunde hatten wir es drin – je nach Größe. Dann in den Backofen stellen.

Nur das Fleisch, oder?

Ja, das Fleisch für fünfzehn Minuten in den Backofen. Heißluft, hundertfünfzig Grad. In der Zwischenzeit das Gemüse in dem Bratenfond mit dem Zauberstab pürieren, durch ein feines Sieb streichen, mit etwas

Sahne aufgießen.

Nicht erst andicken?

Doch, kann man auch zuerst andicken.

Wie machst du das?

Einen Esslöffel Mehl auf ein bis zwei Esslöffel Öl. Oder Mehl mit Wasser anrühren, wenn man kalorienreduziert kochen will. Mit einem Schuss Sahne verfeinern. Eventuell noch Brühe oder Wein zugießen, wenn mehr Soße gewünscht wird. Und mit etwas Steinpilz-Hefepaste abschmecken, etwa ein halber Teelöffel.

Dann ist die Soße fertig!

Und Kartoffelgratin weißt du ja.

▶ 119 Kartoffelgratin

Hast du mir aufgeschrieben, das Rezept ist in meinem Ordner.

Das wars.

Außer der Rosenkohl, in den du unten so ein hübsches Kreuz schneidest.

Rosenkohl kann ja eh jeder kochen. Das ist ja nichts Bayrisches. Da kann man jedes Gemüse dazu machen. Karottengemüse ist auch sehr gut. Habe ich mit dir schon mal Karottengemüse gekocht?

▶ 121 ◁ Karottengemüse

Ich glaube nicht. Wie machst du Karottengemüse?

Siehst du, das müssen wir auch noch machen. Die Karotten schälen, in Scheiben hobeln, dann einen Esslöffel Ghee erhitzen, aber wie gesagt, nicht verbrennen, gell. Wirklich nur erhitzen. Dann kommt dieses ayurvedische Gewürz rein, das macht das Gemüse so exotisch.

▶ 79 Ghee (Butterschmalz)

Wie heißt das ayurvedische Gewürz?

Das ist eine Gewürzmischung, ähnlich wie Curry. *Vata Churna* heißt das. Das kommt ins heiße Ghee, nur kurz – zwei, drei Sekunden, damit die Röststoffe rauskommen. Und das Gemüse rein – kein Wasser! – etwas schwenken, damit das Gemüse mit dem Gewürz in Berührung kommt. Dann

Deckel drauf, die Hitze aufs Minimalste reduzieren und das Gemüse im eigenen Saft garen lassen. Was noch rein muss, ist ein Teelöffel Zucker, je nach Menge auch mehr. Für mich koche ich ja immer für zwei Tage, dann nehme ich zwei Teelöffel. Karotten mögen viel Zucker oder Honig oder Ahornsirup – der ist am Besten, der gibt gleich so etwas Sämiges, wie eine Glasur für die Karotten. Und dann noch mit Salz abschmecken, ein bisschen Pfeffer und jetzt kommt die Krönung – da sollten die Karotten schon weich sein, aber noch etwas Biss haben. Ist schade, wenn sie zu weich sind. Wenn ich Reis dazu habe, oder Buchweizen oder Hirsebratlinge, dann gebe ich einen Esslöffel Schmand oder Crème fraîche dazu. Da könntest du dich reinlegen! Das nimmt sich der Helmut so gerne mit und macht es sich am nächsten Tag warm zu Salz- oder Bratkartoffeln.

◀ **35**
Hirsebratlinge

Ich habe mal ein ähnliches Karottengemüse gemacht, noch mit Lauch. Zu Linsen und Reis, der mit einem Lorbeerblatt, Nelken und Kurkuma gegart wird.

Kurkuma liebe ich. Ich mag auch gerne rote Linsen als Suppe, das ist so nahrhaft und so gesund!

Dal.

Genau, indisches Dal. Ich mag auch die grünen und gelben Linsen. Die braunen mag ich am liebsten mit Spätzle. So, und jetzt schreibst du noch die Maultaschen auf, in der neuen Menge. Dann wirfst du das andere Rezept weg. Ich habe das jetzt nämlich so gut hingekriegt. Das Rezept ist jetzt hieb- und stichfest, von der Mengenangabe auch. Also: Ich bestelle immer ein Kilo Nudelteig. Das gibt, je nach Größe, circa fünfzig Stück. Dafür kaufst du drei Pfund Hackfleisch gemischt und ein Pfund feines Brät.

▶ **127**
Dal (Linseneintopf)

◀ **49**
Linsen und Spätzle

◀ **45**
Schwäbische
Maultaschen ▷

Brät?

Das ist Bratwurstbrätmasse als Bindemittel, das die Masse homogen macht. Das muss ich hier immer rechtzeitig bestellen, das bekommst du nicht überall. Zumindest hier in der Provinz kriegst du das nur auf Bestellung.

Ein Pfund ist ein halbes Kilo, richtig?

Dann machen wir das hier mal einheitlich in Kilo: Ein Kilo Nudelteig, eineinhalb Kilo Hackfleisch und ein halbes Kilo Brät.

Ich rechne immer noch in Pfund. Dann drei Weckle vom Vortag. Die weiche ich ein, in Wasser oder Milch, und drücke sie gut aus.

Wie lange müssen die Brötchen einweichen?

Bis sie weich sind. Nicht alle gleichzeitig einweichen, sonst werden sie matschig. Eins nach dem anderen. Fünf Eier, ein Bund Petersilie – die glatte, gehackt. Das darf schon sehr viel sein, eine richtige Handvoll. Dann nehme ich zwei Stangen Lauch, pro Kilo eine Stange. Je nach Jahreszeit nehme ich statt Lauch auch mal Bärlauch oder eben wie im Ursprungsrezept blanchierten Spinat. Also den Lauch ganz fein schneiden, so fein du kannst. Die oberen, dunkelgrünen Stängel lässt du weg, die kannst du dann für die Brühe verwenden. Also Lauch fein schneiden, kurz andämpfen, abkühlen lassen und unter das Hackfleisch mischen. Auch die Eier – die verrühre ich aber erst in einer kleinen Schüssel, das ist leichter, als nachher in der Masse. Drei große Zwiebeln kleinschneiden. Würzen mit Salz, schwarzem Pfeffer, Muskat und Majoran, gerebelt – mindestens zwei gehäufte Esslöffel bei dieser Riesenmenge. Mit gewaschenen Händen gut durchkneten zu einer homogenen Masse. Dann für eine Stunde zudecken und kaltstellen. Das sollte gut durchziehen. Dann verknete ich es noch einmal und schmecke es ab. Der Lauch macht es eher süßlich, daher kann es sein, dass du nochmal Pfeffer und Salz brauchst. Wenn du es nicht durchziehen lässt, merkst du es erst nach dem Kochen, wenn die Füllung etwas zu fad ist.

Und dann werden sie gefüllt. Dazu bräuchte ich eigentlich eine Anleitung mit Fotos für die einzelnen Schritte.

Ja, das stimmt. Es wäre sinnvoll eine Abbildung zu haben, damit man sieht, wie der Nudelteig gefüllt wird.

Das ist schon wichtig. Deine Maultaschen müssen weitergegeben werden!

Genau. Weil sich der Aufwand lohnt! Das ist ein halber Tag, den ich investiere und nachher kann ich so viele schnelle Mahlzeiten daraus machen, wenn ich sie eingefroren habe.

Wie füllst du den Nudelteig?

Ich rolle etwa vierzig Zentimeter Nudelteig aus und schneide das von der Rolle ab. In der Mitte verteile ich einen gleichmäßigen Streifen Brät mit meinem Spachtel. Die Enden mit Eiweiß bestreichen, dann den Nudelteig von unten umklappen und die lange Kante mit Eiweiß bestreichen, mit dem Nudelteig von oben zumachen. Die beiden Enden festdrücken und mit dem runden Stiel des Kochlöffels die einzelnen Maultaschen abrücken – den Stiel ein wenig drehen, damit die Masse in die einzelnen Taschen rutscht. Die Maultaschen mit dem Messer abschneiden und die Enden festdrücken – das ist kein Muss. Wenn ich in Metzingen mit meiner Chefin für die Metzgerei Maultaschen gemacht habe, war dafür keine Zeit und die blieben trotzdem zu.

Früher hast du sie mit Milch verklebt.

Ja, aber mit Eiweiß hält es viel besser – es geht mir nie mehr eine auf. Im siedenden Salzwasser sieben Minuten kochen. Wenn der Nudelteig dünn ist, ist er früher weich. Sobald der Nudelteig anfängt wellig zu werden, müssen sie raus. Je nach Nudelteigdicke zwischen sieben und neun Minuten Kochzeit – nicht zu lange, weil man sie ja einfriert und später nochmal aufwärmt.

Und die erste Maultasche aus der Hand schmeckt am besten!

◀ 29
Rinderbrühe

▶ 129
Schwäbischer Kartoffelsalat

▶ 91
Salatsoße

Ja. Und dann serviert man sie in der Brühe oder mit Zwiebelschmelze und Kartoffelsalat und Endiviensalat, oder sonst einem grünen Salat. So wurde das in Metzingen immer gegessen.

Landflucht

Letztes Mal, als ich bei dir war, hast du so schön aus deiner Kindheit erzählt. Schade, dass ich das nicht aufgenommen habe.

Was habe ich denn erzählt?

Du hast erzählt, wie ihr als Kinder durch die Stube gerannt seid, wenn die Eltern mal aus dem Haus waren. Und dass ihr Eier aus dem Marktkorb der Mutter gemopst und euch nachts noch Spiegeleier gebraten und Karamellbonbons gemacht habt. Und dann hast du meine Lieblingsgeschichte erzählt: Wie du den Opa Frieder kennengelernt hast. Die Geschichte liebe ich seit meiner Kindheit und will sie immer wieder hören.

▶ 133 Kindheits-Karamellbonbons

Das ist so eine schöne Story, so was kann man gar nicht erfinden. In unserer Zeit gab es eben kaum Möglichkeiten, sich kennenzulernen. Ich habe immer gebetet, dass, wenn es eine höhere Macht gibt, sie mich bitte aus diesem Milieu rausholen soll. Es muss mir jemand helfen, aber wer soll das sein? Eine höhere Macht muss das eingefädelt haben, dass mein Bruder diese Leute kennengelernt hat, zu einem Zeitpunkt, an dem meine Eltern mich loslassen wollten, sollten, mussten, weil sie gemerkt haben, die Heidi ist jetzt siebzehn und hat noch keinen Pfennig Geld verdient. Sie haben auch gemerkt, dass der eine oder andere Kamerad von Werner ein Auge auf mich wirft – alles Bauernsöhne natürlich. Das wäre meinem Vater am liebsten gewesen, dass die Heidi einen Bauern nimmt, einen von hier, der ihm möglichst auch von Nutzen sein kann. Das war der Hintergedanke meiner Eltern. Es gab genug Bauern am Ort, auch attraktive, also zwei auf jeden Fall. Aber meine Eltern wussten auch, dass sie ihrer Tochter etwas mitgeben müssen, wenn sie das Haus verlässt. Das ist üblich unter Bauern, dass die Braut eine Mitgift bringt. Jetzt hatte ich aber nichts, ich hatte ja keinen Beruf, ich konnte nichts, ich wusste ja nicht einmal, wie man richtig mit anderen Menschen kommuniziert, das hatte ich nicht gelernt. Da hatten meine Eltern schon ein schlechtes Gewissen. Der Winter kam und die Heidi hatte wieder keine Möglichkeit, Geld zu verdienen und sie selber konnten mich ja finanziell auch nicht unterstützen. Das große Geld hat mein Vater später erst verdient, auf den Großbaustellen der Olympischen Spiele in München.

Als was hat dein Vater da gearbeitet?

Als Eisenflechter. Da wurde er angelernt und hat gutes Geld verdient, aber da war ich nicht mehr daheim. Davor hat er mal im Steinbruch gearbeitet, mal im Wald, aber das ging immer nur den Sommer über. Im Winter hatte er kein Einkommen, dann ist er auf den Viehhandel gegangen und hat sich dort ein bisschen was verdient. Jetzt war ich eben bald siebzehn und hatte noch nichts Eigenes, absolut gar nichts.

Und wen hat dann der Werner kennengelernt?

Der Werner durfte nach der Sonntagsmesse, wenn ich mit meiner Mutter heim in die Küche musste, mit der Dorfjugend – so sieben Burschen seines Alters – zum Frühschoppen ins Wirtshaus gehen. An diesem Sonntagvormittag hat er die Familie Wurz aus Metzingen kennengelernt. Die waren wohl übers Wochenende im Bayerischen Wald, weil die Frau aus Landshut stammte. Sie kamen ins Gespräch mit meinem Bruder, der ja ein sehr geselliger Mensch ist. Sie haben ihn gefragt, ob er jemanden weiß – sie suchen so etwas wie eine Haustochter, die sich um ihre zwei Kinder kümmert. Der Werner sagte ihnen, er habe eine Schwester, die gerne mal wohin würde, wo sie ein bisschen was verdient und etwas lernt. Aber er müsse zuerst mit seinen Eltern sprechen. Als er zum Mittagessen heimkam, erzählt er das. Das war im Sommer, im August.

Und du sitzt gespannt daneben.

Ich sitze daneben und kriege solche Waschel! In mir hat alles geglüht. Mein Gott, habe ich mir gedacht, das wärs: Aus dem Blickfeld von meinem Vater! Christina, ich wäre überall hingegangen, ich wusste ja nicht, was mich erwartet und worauf ich mich da einlasse. Ist es mein Verderb oder Gedeih, was auch immer – es kann doch nur besser werden. Und der Werner erzählt das so. Mein Vater: *Mei, mir kimme doch des Deandl ned so weit fuad lossn, do seng ma nimma dazue.* Die geht ja unter, die findet sich ja alleine gar nicht zurecht, wie soll denn das werden? Dann haben die geredet und geredet, meine Mutter war auch nicht einverstanden, weil sie befürchtet hat, die Heidi bringt Schande über die Familie, wenn sie vielleicht schwanger heimkommt. Die hat doch keine Erfahrung, wie man mit Männern umgeht, das sei zu gefährlich. Der Vater wurde immer stiller, war hin- und hergerissen. Er konnte die Befürchtungen meiner Mutter nicht in den Wind schlagen, denn sie hatte schon recht. Wenn ein Mädchen zum ersten Mal fortgeht, vierhundert Kilometer weg – was macht die? Dann haben die zwei miteinander verhandelt. Meine Mutter war dagegen. Mein Vater meinte, die Heidi sollte ja mal wohin, aber doch lieber in der Nähe, wo sie auch heimkommen kann. So hat er sich das vorgestellt. Mein Vater musste meine Mutter überzeugen, sie musste mich ja auch als Arbeitskraft loslassen. Außerhalb des Stalls konnte sie mit den Kühen nicht umgehen, mit dem Fuhrwerk Grünfutter holen, das habe meistens ich gemacht. Ich war eine willige Magd für meine Mutter. Das war ein Kampf. Aber der Werner hat sich für mich eingesetzt. Der hatte nämlich ein schlechtes Gewissen, weil er mir mal das Nasenbein abgeschlagen hat. Jedenfalls, als das so hin und her ging zwischen meinen Eltern, hat der Werner gesagt, jetzt lasst die Heidi doch mal fort. Gebt ihr die Chance, dass sie was verdienen kann und auch mal etwas anderes sieht, das sind anständige Leute, die angeboten haben, dass sie vorbeikommen und sich vorstellen. Und sie sind tatsächlich gekommen!

Am gleichen Tag?

Das weiß ich nicht mehr so genau. Ich glaube acht Tage später, haben sie gesagt, sind sie nochmal in der Nähe und dann würden sie sich vorstellen. Bis dahin sollte der Werner das für mich auf den Weg bringen. Als sie kamen, waren meine Eltern angetan von der Familie, sie waren sehr vertrauenswürdig.

Aber Protestanten!

Ich glaube, das hat damals keine Rolle gespielt, weil Frau Wurz war ja aus Landshut, also eine Landsmännin von mir. Sie konnte auch noch Bayrisch sprechen. Sie haben meinen Eltern versprochen, all ihre Auflagen zu erfüllen. Sie mussten meinem Vater versprechen, dass sie auf mich achtgeben. Und er hat gesagt, dass sie Scherereien kriegen, wenn die Heidi einen Mann kennenlernt und womöglich auch noch schwanger heimkommt.

Hast du das alles mitgehört?

Alles habe ich nicht mitbekommen, aber in etwa schon. Sie haben versprochen, dass sie mich abends nicht weggehen lassen, und wenn, dann nur unter Aufsicht und am Sonntagnachmittag zum Spazierengehen.

Wie war dein erster Eindruck von der Familie Wurz?

Ich war gleich begeistert von den Leuten. Die Frau war sehr mütterlich und sie waren auch erfolgreiche Geschäftsleute, hatten zwei Geschäfte in Metzingen, das war damals schon was. Zwei Metzgereien, eine Filiale und das Hauptgeschäft in der Schönbeinstraße. Die Firma Schreyer war gerade die Straße unterhalb. Die Schreibwaren-Großhandlung Otto Schreyer.

Wann durftest du nach Metzingen?

Für den zweiten oder dritten Oktober war verabredet, dass die Familie Wurz mich abholen würde. Sie hätten mich gerne schon früher gehabt, am liebsten gleich mitgenommen, aber sie haben sich mit dem Vater auf Oktober geeinigt, weil er mich noch zur Kartoffel- und Rübenernte daheim haben wollte. Meine Bedürfnisse haben nie eine Rolle gespielt. Als sie mich holen kamen, war das für mich der größte Tag.

War es das erste Mal, dass du aus Bayern rauskamst?

Ja klar! Davor bin ich höchstens bis in unsere Kreisstadt Regen gekommen, mit dem Bus, wenn ich mal etwas

besorgen musste. Dort habe ich mal im Winter ein paar Wochen gearbeitet, die Frau vom Zahnarzt unterstützt. Im Winter gab es ja auf der Landwirtschaft nicht so viel zu tun, außer Socken stopfen und Wäsche für acht Leute bügeln. Also hatte ich diese Anlaufstelle in Regen. Das hat mir schon gefallen. Wenn viel Schnee lag, durfte ich auch dort übernachten, ich hatte da ein kleines Zimmer. Aber das war keine Stelle fürs Leben oder zum Geld verdienen. Es war mehr oder weniger ein Job für ein kleines Taschengeld.

Und dann ging es los!

Vorher hatte ich mit meiner Mutter noch einige Auseinandersetzungen, weil sie noch immer nicht einverstanden war. Ich käme unter die Räder, würde Schande über die Familie bringen. Dann habe ich ihr ein paar Sachen von meinem Vater erzählt, die sie nicht wusste.

Was denn?

Na, da kann ich jetzt nicht drüber reden.

Echt nicht?

Ach komm!

Ich hatte beobachtet, wie mein Vater sich außerhalb der Familie verhielt. Dann habe ich das bei der Gelegenheit meiner Mutter gesagt, weil sie mir immer vorgepredigt hat von Moral und Anstand und Benimmsel und und und. Meinen letzten Trumpf sah ich darin, sie zu überzeugen, dass mein Vater, der mir ständig sagt, was man zu tun und zu lassen hat …

… sich selbst nicht entsprechend verhält.

Ja. Das war mein Glück. Sie sagte mir, dann gehst du halt mal fort. Wirst schon sehen, wie es in der Welt da draußen zugeht. Also quasi: ich komme aus dem behüteten Elternhaus in die böse Welt da draußen. Männer gehen fremd, das machen doch viele, und und und. Sie hat es abgeschwächt.

Wie ging es dir damit? Als Kind verwirrt einen das doch.

Und wie. Ich war total überfordert mit der Situation.

Ich konnte meinen Vater nicht wertschätzen, er war für mich keine Autorität.

Ist das später besser geworden, oder hattest du es immer im Hinterkopf?

Nein, ich hatte es immer im Kopf. Wasser predigen und Wein saufen, habe ich mir immer gedacht. Naja, jedenfalls ließ mich meine Mutter dann gehen, zähneknirschend. Sie ließ mir sogar etwas zum Anziehen schicken – ich hatte ja nichts Gescheites. Das vergesse ich nie: Ich durfte mir im Versandhauskatalog einen Rock aussuchen. So ein Katalog war unser schönstes Buch, das ich halbe Nächte lang anschauen konnte.

Das habe ich als Kind auch geliebt. Seite für Seite, stundenlang.

Dann hat sie mir einen karierten Rock bestellt, den sehe ich heute noch vor mir, und dazu eine passende Bluse und einen Pullover oder eine Strickjacke. Das musste ich von meinem eigenen Geld bezahlen, das ich bei dem Zahnarzt und mit Beerensammeln verdient hatte. Und dann haben sie mich abgeholt. Das war für mich das Größte. Ich bin mit Herzsprung von daheim weggegangen. Ich wusste nicht was kommt, aber ich habe mir gesagt: Jetzt beginnt ein neues Leben.

Liebesgeschichte

Dann kamst du nach Metzingen! Wie war dein erster Eindruck?

Ich war begeistert. Ich hatte ein schönes kleines eigenes Zimmer unter dem Dach, da war ein Doppelbett drin, alte Möbel, so Antiquitäten. Ein Schrank, eine Kommode – mir hat es gefallen. Auf der Etage darunter war das Bad, da durfte ich einmal die Woche baden und mich sonst am Waschbecken waschen. Das habe ich mir geteilt mit dem Metzgers-Lehrling, der auch im Haus gewohnt hat, im Zimmer nebenan – der Hubert, der mir nachher immer den Schlüssel reingelegt hat. Dafür habe ich ihm mal eine Hose oder ein Hemd gebügelt, einen Knopf angenäht oder ein Loch geflickt. Der ist nur am Wochenende heimgefahren.

Wie war das Haus?

Es war ein Geschäftshaus direkt an der Straße in der Nähe vom Bahnhof. Die Metzgerei gibt es jetzt noch. Ich war nochmal drin, aber da war der Sohn schon am Ruder. Ich habe gesagt, dass ich bei seinen Eltern als Siebzehnjährige hier in Stellung war. Er konnte sich noch schwach an die Bayerin erinnern, aber er war damals erst vier. Das andere Kind war ein Mädchen. Ich habe die beiden in den Kindergarten gebracht und wieder abgeholt. Also, vorne zur Straße raus war der Laden, darüber war die Wohnung von Seniors und darüber unterm Dach waren die beiden Zimmer. Dahinter kam die große Wurstküche, das Schlachthaus. Nebenan war eine Garage und dahinter kam das Haus der jungen Familie Wurz. Die hatten auch eine Putzfrau. Meine Hauptaufgabe war, die Kinder zu versorgen. Morgens hat sie meistens schon die Mutter angezogen und ihnen das Frühstück gemacht. Dann kamen sie runter in die Stube hinter dem Laden, in der sich alle aufgehalten haben. Da war ein großer Tisch drin, an dem alle gegessen haben: Die drei Metzger, der Senior-Chef, der Junior-Chef, seine Frau und die Tochter vom Senior-Chef. Manchmal war noch eine

Stundenfrau da, die der Chefin hinter der Theke geholfen hat. Dann und wann habe ich auch Wurst verkaufen dürfen, wenn Frau Wurz mal kurz weg musste. Und fürs Fleisch habe ich den Chef geschwind aus der Wurstküche geholt. Ich kannte ja gar keinen Unterschied zwischen Kalb- und Schweinefleisch, Rindfleisch war für mich ein Fremdwort, ich kannte nur Schweinefleisch.

Was hast du gemacht, während die Kinder im Kindergarten waren?

Vesperweckle ▷

Um neun Uhr musste ich Vesperweckle in die Gesenkschmiede bringen. Erst bin ich mit meinem Korb zum Bäcker in der Nähe. Dann habe ich sie mit meiner Chefin zusammen gemacht an dem großen Tisch: Weckle aufschneiden und belegen mit Bierschinken, Schinken oder Salami und Essiggurken in Scheiben. Dann musste ich um neun bei der Firma sein. Mit dem Fahrrad durch Metzingen Richtung Friedhof. Da ist die Chefin zweimal mit mir hingefahren und hat mir den Weg gezeigt, dann durfte ich alleine. Auf dem Gepäckträger war ein großer Drahtkorb. Dann musste ich die Tüten an der Zentrale abgeben, jeden Tag, fünf Tage die Woche. Das hat mir gefallen, der Außendienst war das Schönste!

Da hast du was von Metzingen gesehen. Wie hat dir die Stadt gefallen?

Metzingen ist so schön, ich wäre da nie weggegangen. Metzingen hat ein viel milderes Klima, es hat sogar einen eigenen Weinberg, es liegt schön, ist etwas größer und doch noch überschaubar. Da gab es auch so gut wie keinen Winter. Um elf oder halb zwölf habe ich die Kinder wieder aus dem Kindergarten abgeholt und anschließend meiner Chefin beim Kochen geholfen.

Was habt ihr da so gekocht?

◀ **23** Gaisburger Marsch

▶ **129** Schwäbischer Kartoffelsalat

Tolle Sachen! Da habe ich auch Gaisburger Marsch gelernt, das haben wir oft gemacht. Pfannkuchen, weil das die Metzger so gerne hatten, ohne Fleisch. Mit Apfelmus und Marmelade. Und Kartoffelsalat – ich habe immer die Kartoffeln gekocht, geschnitten und meine Chefin hat ihn angemacht.

Da hast du dann erst kochen gelernt, im Bayerischen Wald durftest du ja höchstens mal helfen.

Sonntags konnte ich meiner Mutter helfen, unter der Woche nicht, da war ich ja immer verplant von meinem Vater in der Landwirtschaft. Nach der Kirche bin ich nach Hause und habe geholfen. Sonntags gab es immer Schweinebraten, im Sommer mit Kartoffelsalat und im Winter mit Bayrisch Kraut.

Was ist Bayrisch Kraut?

Da nimmt man einen Weißkohl, schneidet ihn fein und dämpft ihn mit Zwiebeln an. Kümmel rein, Salz und Pfeffer und wer mag – bei uns gabs das nicht – einen Schuss Weißwein.

◁ Bayrisch Kraut

Was gab es noch in Metzingen?

Schinkennudeln gab es häufig, als Auflauf. Da hat man aus dem Laden die Wurstzipfel verwendet. Alles klein geschnitten, sieben, acht Eier verrührt, über den Auflauf gegossen und dann im Backofen stocken lassen. Dazu gab es grünen Salat.

◁ Schinkennudeln

Kanntest du Nudeln schon?

In Bayern haben wir die Nudeln bloß süß gegessen, mit Zimt und Zucker. Anders kannte ich sie nicht. Als Beilage gab es sonst Kartoffeln. Oder Knödel.

◀ **15** Bayrische Semmelknödel

Habt ihr in Bayern eigentlich auch mal Kartoffelknödel gemacht?

Ja. Halb rohe, halb gekochte Kartoffeln nimmt man da. In Bayern nennt man die *Fransenknödel*, weil die außen ein bisschen *franserig* sind.

Dann haben alle an dem großen Tisch gegessen?

Alle, auch die Kinder.

Mochten dich die Kinder?

Am Anfang nicht, weil sie mich nicht verstanden haben. Da war die Sprache ein großes Handicap. In Bayern haben wir ganz andere Ausdrücke.

Dann haben sie mich manchmal so ungläubig angeschaut, mit großen Kinderaugen: Mama, die Heidi sagt so komische Sachen!

Und die Mutter hat gelacht.

Die hat gelacht, kannte das ja auch. Wobei, in Landshut spricht man ein gepflegtes Bayrisch, ich kam ja aus einem Kuhdorf. Sie war die Einzige, die mich verstanden hat und sie hatte Mitleid mit mir. Zu Weihnachten hat sie mir ein Kleid gekauft, das durfte ich mir sogar selber aussuchen. Sie kannte eine Firma, die hat eine Kollektion zu ihr nach Hause gebracht. So hat sie sich ihre Sachen auch ausgesucht und dann für ihre Größe bestellt. Mir hat sie drei oder vier Kleider gezeigt, das eine war ein Strickkleid, das andere ein zweiteiliges Graues, ein enger Rock und ein gleichfarbiges Oberteil – das vergesse ich nie, das habe ich mir ausgesucht. Grau. Im Nachhinein habe ich gedacht, da merkt man, was ich für einen grauen Geist hatte, ohne Mut zur Farbe. Ich hätte viel lieber ein rotes Kleid gehabt, das habe ich mich aber nicht getraut. So war ich erzogen. Ich war so blöd erzogen, muss ich sagen. Ich als Siebzehnjährige suche mir ein graues Fischgrät-Kleid aus. Ich mochte das Kleid, aber für mein Alter war die Farbe völlig unpassend.

Wie ist dir das bewusst geworden?

Als ich Gleichaltrige gesehen habe, die hatten alle farbige Kleider. Ich hatte dann ja auch eine Freundin.

Du hattest in Metzingen eine Freundin? Wie habt ihr euch kennengelernt?

Berta hieß sie – eine bildschöne Frau. In meiner Straße war ein Frisör. Und zu dem Frisör bin ich gegangen zum Haare schneiden und Dauerwellen machen. Das hat damals jede gemacht. Die Berta hat dort gearbeitet, sie kam aus Oberbayern und hat eben auch Bayrisch gesprochen. Wir haben uns angefreundet. Sie hatte ein schönes Zimmer und Platz. Mein Zimmer war auch schön, aber ich konnte dorthin niemanden mitnehmen, weil kein Platz war. Kein Tisch, kein Stuhl – doch, ein Stuhl war drin. Jedenfalls war ich bei der Berta manchmal am Sonntagnachmittag. Mit ihr bin ich auch spazieren gegangen. Dann kam sie an die Haustür und hat gefragt, ob sie die Heidi zum Spazieren abholen darf. Das haben sie mir gestattet. Ein paar Tage war ich erst in Metzingen, ich glaube drei Tage, dann musste ich zur Firma Otto Schreyer gehen. Hat mir meine Chefin erklärt, ich soll da runter laufen, rechts abbiegen, ...

Nach drei Tagen schon?

Ich glaube, es waren drei Tage, Anfang Oktober. Ich habe mich noch gar nicht ausgekannt und drum hat sie es mir so genau beschrieben. Da ist ein Firmenschild und da soll ich in den Verkauf gehen und so ein Pergamentpapier holen. Und dann bin ich da in den Verkaufsraum rein, kam ein Fräulein, das wollte mich bedienen und ich sage in meinem schönsten Bayrisch: *I kimm von der Metzgerei Wurz und mecht bei eana die Pergament-Düten abholn, die bsteillt woan sand.* Das hat die nicht verstanden. Zweimal gefragt, dreimal gefragt, ich hatte schon einen hochroten Kopf – frag nicht, wie ich mich geniert habe. Es war so peinlich, Wort für Wort wiederholt. Christa Reusch hieß dieses Fräulein, die war am Verzweifeln.

Du hast sie ja schon verstanden, nur umgekehrt war es ein Problem, oder?

Ja freilich, ich habe alles verstanden. Dann hat sie gesagt, warten Sie bitte, ich schicke jemanden, der Bayrisch versteht. Sie ging zurück ins Großraumbüro. Dort hat sie zu jemandem gesagt, da draußen steht eine Bayerin, die möchte was, aber ich weiß nicht was. Dann kam ein junger Mann raus, fragt mich, was ich möchte. Das war der Frieder. Er hat sich vorgestellt, Schmid hat er gesagt und dass er in Lindau bei der Bundeswehr war und darum Bayrisch versteht. Dann hat er mich gefragt, wie ich hierher komme, das habe ich ihm gesagt. Weil ich ja Metzingen noch nicht kenne, hat er gesagt, würde er mich gerne einladen, um mir Metzingen zu zeigen und am Abend vielleicht in den Jazzkeller zu gehen, der neu eröffnet hatte – das war dort gerade der absolute Hit. Dann habe ich ihm eben erzählt, dass meine Eltern nicht erlauben, dass ich abends weggehe und meine Arbeitgeber das auch nicht gestatten werden und Schlüssel bekomme ich auch keinen. Und dann hat er gesagt, er könnte sich ja bei der Familie Wurz vorstellen. Seine Eltern kaufen auch im Geschäft ein, sind also bekannt, vielleicht erlauben sie es dann. Das hat er dann auch gemacht. Er kam am Samstag. In der Zwischenzeit hatte ich der Frau Wurz erzählt, dass ich bei der Firma Otto Schreyer einen jungen Mann kennengelernt habe, der Herr Schmid heißt und dass seine Eltern bei ihnen einkaufen.

Hat er dir also gleich gefallen?

Das kann ich so nicht sagen, ob er mir gefallen hat. Er war der erste Mensch, der sich für mich interessiert hat. Für mich war das ein erwachsener Mann, der sich gut ausdrücken konnte.

War er zuerst bei der Bundeswehr und hat dann die Ausbildung beim Schreyer gemacht?

Nein, er hat erst die Ausbildung gemacht. Nach den achtzehn Monaten Bundeswehr war er dann im Versand der Firma und später erst im Außendienst.

Wie alt war er, als du bei der Firma Schreyer reingestiefelt bist?

Zweiundzwanzig.

Und er fand dich gleich gut.

Anscheinend. Dann habe ich das meiner Chefin gesagt, wer das ist, wo er wohnt – das hat er mir alles gesagt und ich dürfe es gerne sagen. Ja, hat die Frau Wurz gesagt, die Frau Schmid vom Dürerweg kenne ich. Dann habe ich gesagt, der junge Mann habe mich eingeladen für den Samstagabend in den Jazzkeller. Sie hat mir zu verstehen gegeben, dass es eine gute Familie sei, aber sie hätten meinen Eltern das Versprechen gegeben und daran müssten sie sich halten. Das musste ich einsehen. Jetzt konnte ich aber dem Frieder nicht Bescheid sagen, hatte ja kein Telefon, konnte also nicht einfach anrufen und sagen – *hey, is nich*. Und dann kam er, als es noch hell war, ich glaube am Samstagnachmittag. Die Frau Wurz hat die Haustür aufgemacht und er hat sich vorgestellt. Dann hat sie ihm das Gleiche gesagt, was sie mir schon gesagt hatte.

Hast du mitbekommen, dass er da war?

Nein, aber Frau Wurz hat mir gesagt, der junge Mann sei da gewesen und sie hätte ihm gesagt, dass es dieses Versprechen gibt und das nicht sein darf. Dann habe ich ihn nie mehr wiedergesehen. Im Dezember, das war so kurz vor Weihnachten, durfte ich sonntagnachmittags schon bis abends um acht weggehen, da hatte ich mir das Vertrauen aufgebaut. Es wurde früher finster und dann war ich halt noch unterwegs. Ich habe immer meine Strecke gemacht, manchmal war ich bei der Berta, aber sie ist meistens am Wochenende heimgefahren. Oder sie hatte eine Verabredung.

Sie durfte ja.

Sie war auch älter als ich.

Hast du ihr das erzählt?

Ja, ich habe ihr das erzählt. Später habe ich kaum noch Kontakt zu ihr gehabt. Nur wenn ich zum Haare machen kam. Sie hat mir auch manchmal die Haare bei sich im Zimmer gemacht, umsonst, also für ein Trinkgeld. Im Dezember bin ich also da rumgelaufen an der Bahnhofstraße, runter zur Schönbeinstraße, wieder rauf, weil dieses Viertel war ungefährlich, sag ich jetzt mal, für mich als Landmädchen. Da hatte es auch Läden, Schaufenster, ich bin zum Bahnhof, habe eben diese Gegend erkundet, in der ich mich auskannte. Und stehe vor dem Kino und schaue mir die Bilder an, die Filme. Ich hätte mich nie alleine ins Kino getraut. Und dann treffe ich den Frieder. Er hat mich angesprochen und gesagt, also dafür, dass ich ihn letztes Mal hätte sitzenlassen, möchte er eine Entschädigung und er würde mich jetzt ins Kino einladen. Ich habe ihm gesagt, ich habe keinen Schlüssel, bis acht Uhr ist die Haustür offen und danach ist sie zu. Naja, dann bin ich heim – Frieder hat draußen gewartet – und habe den Hubert gefragt, der ja sonntagabends wieder da war. Ihm habe ich das Versprechen abgenötigt, dass er mir den Schlüssel unter sein

Garagentor legt. Frag nicht, wie ich Angst hatte, dass er mir den Schlüssel da nicht hinlegt. Er hat es mir nicht zugesagt, er hat nicht ja und nicht nein gesagt. Er meinte, er kriegt Ärger, wenn er das macht. Ich habe ihn immer wieder gebeten, Hubert, bitte mach das doch, hast auch was gut bei mir.

Hast du dich gut mit dem Hubert verstanden?

Schon. Er war ein wenig verklemmt. Ein Spätentwickler, garantiert. Er hat mich zwar angeschaut, aber hat sich nicht getraut. Er wusste nicht, wie man ein Mädle gewinnt, das hat man gemerkt. Der war noch nicht so weit. Er hatte schon den Führerschein, ein eigenes Auto, war glaube ich einundzwanzig. Ein Hübscher. Manchmal saßen wir abends in seinem Zimmer auf seinem Bett und haben geredet, darüber, was tagsüber so war, über Ungereimtheiten oder über Ärger – was man halt als junger Mensch so redet. Er hatte natürlich viel mehr Möglichkeiten als junger Mann, er durfte überall hin und war mobil. Der hätte mich mit Sicherheit gewollt, aber er hat sich nichts getraut. Ist ja auch egal. Er hat geschielt. Aber sonst war er attraktiv.

Der Frieder hat also unten auf dich gewartet und ihr seid ins Kino gegangen. Weißt du noch, welchen Film ihr angeschaut habt?

Es war ein ganz lustiger Film. Der Frieder hat so gelacht, Tränen gelacht. Ich weiß nicht mehr, ich glaube mit Heinz Erhardt, den mochte er so gern.

Warst du da zum ersten Mal im Kino?

Ich glaube schon. Im Oktober 1961 war die erste Begegnung mit dem Frieder und im Dezember sind wir uns wiederbegegnet. Das hat einfach so sein sollen. Dann bin ich das erste Mal mit ihm ins Kino gegangen.

Wie ging es dir im Kino?

Gut. Er war angenehm und konnte so lachen. Er hat gesagt, dass das sein Lieblingskomiker sei, den mochte er von jeher. Ich mochte ihn auch, habe ihn aber erst da im Kino kennengelernt. Aber ich war auch so nervös, weil ich nicht sicher sein konnte, dass der Schlüssel nachher daliegt, dass ich vom Film fast nichts mitbekommen habe. Dann hat mich Frieder wieder heimgebracht. Ich konnte erst aufatmen, als ich den Schlüssel an der vereinbarten Stelle fand. Am nächsten Sonntag, oder wann wir uns wieder getroffen haben, hat er mich zum Eisessen eingeladen. Das war damals eine ganz neue Sache in Metzingen. In ein Eiscafé sind auch junge Leute gegangen, in ein normales Café nur die privilegierten Leute am Sonntagnachmittag zu Kaffee und Kuchen.

War das dein erstes Eis?

Nein, bei der Kirchweihe in Bischofsmais im August, da war immer ein Eisverkäufer. Eis am Stil für zwanzig Pfennig, da hatte ich schon mal ein Eis.

Und wann habt ihr euch zum ersten Mal geküsst?

Das weiß ich nicht mehr. Ich denke nach dem Kino, aber ich weiß es nicht mehr. Weißt du, warum das alles so krampfhaft ist, warum ich da nichts mehr so richtig abrufen kann? Weil meine Angst so groß war, die hat mich fast gelähmt. Ich war mit Sicherheit stocksteif. Wenn das jemand gemerkt hätte! Die Angst war immer da. Ich wusste ja nicht, wie weit ich dem Hubert vertrauen konnte. Er kann es ja auch mal vergessen. Einmal hätte gereicht und alles wäre aufgeflogen. Die hätten mich mit dem Zug heimgeschickt, garantiert. Und weißt du, was mich daheim erwartet hätte? Schläge und Strafe.

Aber es ging immer gut.

Es ging immer gut. Ich habe den Hubert auch immer flattiert, war immer lieb zu ihm und habe gesagt, lass uns wieder ein bisschen reden. Ich habe eigentlich alles mit ihm geteilt.

Hat es Familie Wurz irgendwann gemerkt?

Die haben das mit Sicherheit irgendwie mitbekommen, aber man hat nie darüber geredet. Sie wussten nicht immer, ob ich um acht in meinem Zimmer war.

Sie haben aber nicht nachgeschaut.

Ich glaube schon. Oder sie haben den Hubert ausgefragt. Die haben schon was gewusst, aber die wollten es zumindest nicht publik machen. Der Familie Wurz habe ich viel zu verdanken. An dem Tag, an dem ich mich verabschieden musste, im Mai, habe ich so geweint. Ich musste mit dem Zug nach Hause, der Frieder hat mir eine Fahrkarte besorgt und einen Zugfahrplan, wo ich umsteigen musste. Dann habe ich geweint und zur Frau Wurz gesagt, ich hätte hier doch einen Mann kennengelernt, und es würde mir jetzt so schwerfallen, mich von ihm zu verabschieden. Dann hat sie gesagt, das hätte ich ja vorher gewusst, dass es da Schwierigkeiten geben würde, weil die Entfernung einfach zu groß sei, und ich hätte mich da gar nicht drauf einlassen brauchen. Dann habe ich gesagt, jetzt sei es nun einmal so. Dann erklär das mal deinen Eltern, hat sie gesagt, als ich gegangen bin.

Sommersprossen

Wie war es, deine Familie wieder zu sehen?

Ich hatte große Angst. Ich musste geradestehen, für das, was ich nicht hätte tun dürfen, was ich versprochen hatte, nicht zu tun. Die Angst, dass mein Vater wieder ausrastet, war so groß. So wie er veranlagt war, lag das durchaus drin. Das war immer so eine Gratwanderung, je nach Tagesform war er entweder sanftmütig oder hochgradig cholerisch.

Hast du es ihnen gleich gesagt?

Ich wollte die passende Gelegenheit abwarten, um es meinem Vater zu sagen. Ich wusste, mein Vater hat immer das Sagen gehabt und dachte, wenn ich es ihm als Erstem beichte, kann ich ein wenig Vertrauen gewinnen. Jetzt war das aber so: Bevor ich überhaupt die Gelegenheit hatte, mich zu offenbaren, kam ein Brief. Den hat meine Mutter in Empfang genommen, hat den Absender gesehen und mich danach gefragt. Dann habe ich ihr gesagt, dass ich dort einen jungen Mann kennengelernt habe und ihnen das noch sagen wollte. Dann hat sie gesagt, das hätte sie schon gewusst, dass ich dort etwas angestellt habe, das hat sie mir schon angesehen. Sie hat den Brief aufgemacht und meinem Vater vorgeworfen, *sigstes Hermann, etz hama die Schererei*. Sie hat einen kennengelernt, der schreibt jetzt, dass er uns gerne besuchen möchte.

Aber der Brief war an dich?

Der erste Brief war an mich gerichtet, der zweite an meine Eltern mit der Bitte um Besuch. Bei dem ersten Brief habe ich es meinen Eltern erzählt. Dann war ich auf dem Acker, habe mit meinem Vater geackert. Ich musste die Kühe führen und er hat hinten den Pflug geführt, so war es halt damals. Bei seiner Zigarettenpause hat er gesagt, jetzt kannst mir mal erzählen von dem Burschen, der dir den Brief geschrieben hat. Also habe ich ihm davon erzählt. In seinen

Augen war das so ein Vertrauensbruch, was ich mir da erlaubt habe. Ich hatte ihm versprochen, dass ich keinen Mann heimbringen würde, weil er nicht wollte, dass ein Schwabe zu uns ins Dorf kommt. Es gäbe genug Bauern, bei denen ich meine Existenz hätte, mein Einkommen, Auskommen, Fortkommen, Ansehen als Bäuerin. Und jetzt hätte ich diesen Vertrauensbruch begangen. Dann hat er erstmal getobt – ich hab gedacht, der schlägt mich tot, weil sich die Befürchtung meiner Mutter bestätigt hat. Dann hat er gemeint, ich sei vielleicht sogar schon schwanger. Ich habe ihm gesagt, dass ich mit dem Mann noch gar nichts gehabt habe, da war er beruhigt. Er hat einige Zigaretten geraucht und getobt, hat mich nicht geschlagen, war aber immer kurz davor. Er wusste nicht, wie er seine Autorität wieder herstellen kann. Er wurde etwas ruhiger, dann habe ich ihm mehr erzählt, auch von der Familie, dass sie angesehen sei und er schon ein fertig ausgebildeter Kaufmann mit festem Einkommen. Ich habe ihm erzählt, wie ich den Frieder wahrgenommen hatte. Der war ein Mann zum Vorzeigen, der hat was dargestellt, der konnte sich ausdrücken. Dann habe ich ihn angefleht, sie sollen ihn doch mal kommen lassen und sich selber ein Bild von ihm machen, ihn in Augenschein nehmen und mir wenigstens die Chance geben, ihnen den Mann, für den ich mich jetzt entschieden hätte, vorzustellen. Wenn er gar nichts taugt, dann kommt er vielleicht auch selber nicht mehr, hat mein Vater gesagt. Auf Dauer wird er den weiten Weg eh nicht in Kauf nehmen, *des wirst sehn*. Das tut doch keiner auf die Dauer, achthundert Kilometer hin- und herfahren nur wegen einem Mädel. Der findet doch auch woanders eine! Das geht doch gar nicht, du kommst doch aus der Landwirtschaft und das ist ein Stadtmensch! Oh Heidi, was sagt da die Verwandtschaft? *Mei, des hand doch Luthrische!* Auch noch, die glauben doch nix! Die Schande, die du über die Familie bringst – Heidi, dass du mich so enttäuschst. Und und und. Laut und heftig hat er mit mir geschimpft.

Und du?

Ich wurde immer ruhiger. Angst habe ich natürlich gehabt, mordsmäßig. Als er sich dann wieder gefangen hat, fragt er mich, ja glaubst du, das ist ein Mann zum Heiraten? *Mechtst du den Moa heiratn?* Dann sage ich, ja. Das war der erste Mann, der mich gestreichelt hat, der erste Mann, der gut zu mir war, der mich wahrgenommen hat mit meinen Schwächen und Ängsten. Es waren ja nur negative Dinge an mir – ich habe es jedenfalls so gesehen. Der Frieder nicht. Mein Vater hat lange Zeit überlegt, saß auf dem Pflug und sagt dann, so, *Deandl*, wenn du meinst, dass das der richtige Mann für dich ist, dann soll er kommen und dann sehen wir, ob er hierher passt oder nicht, ob er zu unserer Familie passt und ob wir ihm passen. Aber eines sage ich dir: Einen zweiten Mann brauchst uns nicht mehr ins Haus bringen. Den werfe ich raus. Mein Gott, habe ich gedacht, was, wenn das nicht klappt mit dem Frieder? Dann kann ich nur noch meine Sachen packen und mir irgendwo eine Stelle suchen, auf Nimmerwiedersehen. Also, er durfte kommen.

Wie hat deine Mutter reagiert?

Wir sind heimgekommen, dann hat eben das mit dem Brief wieder angefangen, dass er kommen möchte. Dann hat mein Vater gesagt, er hat der Heidi die Erlaubnis gegeben, dass er kommen darf. Jetzt schauen wir uns den an und dann werden wir sehen.

Was haben deine Geschwister gesagt? Die Annerl und der Werner?

Na die waren natürlich begeistert. Das war spannend, wenn in dieses Dorf mal ein neuer Mensch reinkam! Annerl war acht: *Die Heidi hod en Freind, en Schwob!* Der Werner war hin- und hergerissen. Auf der einen Seite war es für ihn nachvollziehbar, ich war nämlich nicht hässlich mit siebzehn, sah auch nicht aus wie eine vom Land, ein Landbollen war ich nicht. Aber er hätte halt auch lieber einen aus unserer Gesellschaftsschicht gehabt, einen Bauern. Der Werner hat sich relativ neutral verhalten und hat dann eben auch gesagt, mein Gott, jetzt lasst ihn halt mal kommen. Ihm haben sie natürlich auch noch Schuld gegeben, jeder hat Schuldzuweisungen gemacht, dass die Heidi der Familie das jetzt antut und einen Fremden reinbringt.

Dein Bruder war ja Schuld, weil er die Familie Wurz aus Metzingen kennengelernt hatte.

Genau, weil sie damals auf ihn gehört haben. Dann hat der Werner wieder mit mir geschimpft. Bis der Frieder dann da war. Sie haben sich vorbereitet, wollten sich ja in gutem Licht präsentieren, damit der erste Eindruck nicht gleich negativ ist und es nachher nicht heißt, die haben ja überhaupt keine Kultur. Jedenfalls hat man das Haus geputzt, der Boden wurde frisch gestrichen und ich glaube, sie haben sogar noch geweißelt. Wir waren alle schön angezogen, Mama war beim Frisör und hat gekocht.

So ein Aufwand!

Ja, es wurde ein Mordsaufwand betrieben, weil so hoher Besuch kam. Er hatte ja mittlerweile auch ein Foto geschickt und da waren sie schon sehr beeindruckt.

Wie sah er denn aus?

Er sah gut aus. Für so ein Dorf war das ein Stadtmensch. Auch für mich sah er gut aus. Wenn du dich mal für einen Mann interessierst, siehst du ja eh nur noch das Positive.

Hatte er damals noch rote Haare?

Nein nein, er war schon eher blond. Aber man hat schon gesehen, dass er eine Haut hatte wie die Rot-Blonden, an den Armen hat man es gesehen.

An den Sommersprossen, die ich von ihm habe.

Meine Mutter hat schon Tage vorher gefragt, was sie für ihn kochen soll, was er mag.

Und, *wa moag de Schwob?*

◀**17** Bayrischer Schweinebraten
◀**15** Bayrische Semmelknödel

Schweinebraten und Knödel natürlich! Als ich gemerkt habe, dass sie alle Register zieht, um einen guten Eindruck zu machen, da war ich schon beruhigt. Das ist eine Wertschätzung einem Menschen gegenüber, den sie ja nicht kennt. Als er kam, waren mein Bruder und mein Vater noch auf dem Acker. Wir waren das Empfangskomitee: Meine Mutter, die Heidi, die Annerl, die Hermine. Dann waren da noch der Philipp und der Sepp, diese zwei alten Männer, die sich auf Anweisung meiner Mutter rasieren und ein frisches Hemd anziehen mussten für den hohen Besuch aus dem Schwäbischen. Die waren natürlich auch neugierig. Dann kam er mit seinem schönen Auto, Opel Caravan, und mit Anzug und Krawatte – fesch war er! Und er hat sich nicht mehr eingekriegt vor Lachen, wie wir dastanden – wie die Orgelpfeifen! Meine Familie war so beeindruckt, dass das schon ein ausgewachsener Mann ist, mit Manieren, einer, der gut reden kann und Humor hat, lustig ist.

Hat der Frieder den Laden aufgemischt?

Und wie! Als dann mein Vater und mein Bruder gekommen sind, haben sie gleich den starken Max markiert, waren dann aber genauso angenehm überrascht von diesem erwachsenen Mann. Ich war ja erst siebzehn, Frieder war fünf Jahre älter, aber mich haben sie immer noch als Kind, als Jugendliche gesehen. Dass die jetzt schon einen Mann aus der Stadt hat! Ich habe gleich gemerkt, die Chemie stimmt.

Da warst du beruhigt.

Oh ja. Er hat das Wochenende bei uns verbracht, er durfte im Gästezimmer schlafen, ist ja klar. Die haben sich schwer angestrengt. Mein Vater hat ihm zwar alle negativen Dinge gleich brühwarm serviert, was bei ihnen auf der Landwirtschaft Sache ist, und dass man sich da anzupassen hat. Also auf gut Deutsch: Wenn es dir nicht passt, wie es bei uns zugeht, dann brauchst nimmer kommen. Frieder hat sich überhaupt nicht beeindrucken lassen und hat diese Muskelspiele von meinem Vater und meinem Bruder mit Humor genommen. Er hat dann auch bald spaßeshalber mit meinem Bruder Ringkämpfe gemacht und bewiesen, dass der Kaufmann nicht nur was im Hirn hat, sondern auch in den Armen. Mein Bruder hat gern gerauft. Da hat der Frieder dem Werner so viel Respekt abverlangt, dass der Werner sich nie mit ihm angelegt hat. Die beiden waren später die besten Freunde, haben sich aufeinander gefreut und auch gerne miteinander gearbeitet. Sie waren einer Meinung und haben auch über meinen Vater gescholten, wenn er wieder so wunderlich war oder ausgerastet ist. Da hatte der Frieder also einen Verbündeten.

Und deine Schwestern mochten ihn auch?

Annerl hat den Frieder vergöttert. Hermine war damals erst drei – ein verwöhntes Kind, dachte ich immer. Ob sie Schinken, Lyoner oder Saitenwürstel wollte – der Vater ist extra auf den Traktor gesessen, ist nach Bischofsmais zum Metzger gefahren und hat für seine Hermine die Lieblingswurst geholt. Aus meiner Sicht hatte sie eine schöne Kindheit, denn die Landwirtschaft hatte ja dann später mein Bruder und da war sie nicht so involviert.

Im Gegensatz zum Frieder, der gleich an seinem ersten Wochenende bei euch eingespannt wurde.

Das war schön. Er hat die Arbeiten übernommen, die normalerweise ich machen musste. Zuerst habe ich es schon gemacht und er war dabei, aber als er wusste, wie es läuft, hat er es übernommen. Er hat sogar mit meiner Mutter den Stall ausgemistet und zu ihr gesagt, Heidi braucht das nicht machen, solange ich da bin. Du zeigst mir, wie es geht und sagst mir, wenn ich etwas falsch mache. Die zwei sind gut miteinander ausgekommen. Weil er sich vor keiner Arbeit gescheut hat, nichts war ihm zu nieder, er hat alle Arbeiten für mich gemacht. Am Anfang haben meine Eltern ja gedacht, sie könnten mich genauso reglementieren wie bisher. Mein Vater hat gesagt: He, vergisst du deine Aufgaben? – Wieso, das tut doch der Frieder. – Na und? Du bist doch zum Arbeiten hier, nicht bloß zum Essen, du musst auch was dafür tun! Dann hat der Frieder gesagt: Du, Vater, ich möchte gerne Heidis Pflichten übernehmen. Solange ich hier bin, will ich sie da ein wenig entlasten, und ich bin sicher, dass ich das so gut mache wie die Heidi. Und das hat der Vater dann mit einem dicken Hals geschluckt, irgendwann. Plötzlich durfte mein Vater nicht mehr über mich bestimmen. So war das. Und jetzt mache ich uns einen *Obatzda* zum Vesper.

▸ **135**
Obatzda
(Brotaufstrich)

Beinbruch

Christina, mir ist jetzt im Moment in den Sinn gekommen, dass ich Spätzle doch sehr liebe. Die haben bei mir mittlerweile den gleichen Stellenwert wie Knödel. Die bayrische und schwäbische Küche zu kombinieren, das finde ich toll! Und dann noch ein bisschen was Modernes – also mehr kann man eigentlich gar nicht erwarten von einer vernünftigen, gesunden, sinnvollen Ernährung, finde ich. Und Essen verbindet ja die Menschen, gell. Für jemanden zu kochen ist eine ganz große Bereicherung. Es ist auch ein Erfolgserlebnis, wenn jemand die eigene Küche mag und wenn man das, was man in Jahrzehnten gelernt hat, auch noch der nächsten und übernächsten Generation vermitteln kann und die das genauso gerne isst, wie man selbst.

◀ 49 Spätzle

Hast du von Anfang an so gerne gekocht, also auch schon als Hausmädchen in Metzingen, oder war es da erst einmal mühsam?

Da war es erst einmal mühsam. Zum einen waren das alles Schwaben. Das hat mit der Küche meiner Mutter überhaupt nichts zu tun gehabt. Den bayrischen Kartoffelsalat kannst du den Schwaben nicht servieren.

Und welchen Kartoffelsalat machst du heute?

Nur den schwäbischen! Also es gibt im Schwäbischen Gerichte, die sind mir lieber, als die bayrischen Versionen. Der schwäbische Kartoffelsalat ist für mich der beste überhaupt. Natürlich gibt es auch Bayern, die sagen, sie mögen den schwäbischen Kartoffelsalat so nicht, weil sie nichts anderen kennen. Der bayrische hat eine weichere Konsistenz, der ist etwas flüssiger. Beim schwäbischen legt man eben Wert darauf, dass die Scheiben so bleiben, dass es kein Mus wird, kein Stampf. Das Grundwissen für den schwäbischen Kartoffelsalat habe ich von meiner Schwiegermutter und ich habe es verfeinert durch meine Erfahrung und im Austausch mit anderen Schwäbinnen. Die haben

▶ 129 Schwäbischer Kartoffelsalat

mir auch gesagt, worauf es ankommt. Das habe ich übernommen, weil ich gemerkt habe, der ist einfach gut und den mag auch meine Familie. Und von den Schwaben schätze ich eben auch die Spätzle und die sparsame Haushaltsführung.

Sind die Bayern nicht genauso sparsam?

Doch, es war in Bayern auch so, aber es waren ja auch ganz andere Zeiten. Zum Beispiel in dem zweiten Haushalt, wo ich angestellt war, bei Frau Voelter: Wenn da ein Rest übrig blieb, meinetwegen eine Kelle voll Spinat, hat man den für den nächsten Tag für fünf Personen nicht mehr servieren können. Daraus hat man dann einen Spinatauflauf gemacht. Du wirst sehen, aus Resten kann man auch wieder eine komplette Mahlzeit machen, hat sie zu mir gesagt. Stell dir vor, da hat man Brötchen vom Tag zuvor in Scheiben aufgeschnitten, Zwiebeln gedämpft, mit dem Spinat und zwei, drei Eiern verrührt, quasi den Spinat gestreckt. Dann hat man abwechselnd diese Brötchen und den Spinat in eine Auflaufform geschichtet und mit süßer Sahne und Milch übergossen, mit Salz und Muskat gewürzt, oben drauf ein paar Butterflöckle und in den Backofen geschoben. Das war ein toller Auflauf! Und dazu hat man eine Soße gemacht, so eine Béchamel-Soße. Die hat man gemacht, solange der Auflauf im Ofen war. Aus Butter, Zwiebeln und Mehl und dann aufgegossen mit Milch oder Brühe. Kann man auch halb halb machen, dass es eine sämige Konsistenz gibt. Würzen mit einem Teelöffel Senf, etwas Salz, Pfeffer und Muskat und ein Lorbeerblatt musste rein, genau. Das Lorbeerblatt mitkochen. Die Béchamel musste ich bei ihr durchsieben, wegen der Zwiebel. Die Soße musste ganz glatt sein, wie Samt.

Spinatauflauf ▷

Béchamel-Soße ▷

Hatte Familie Voelter Kinder?

Zwei Söhne, einer ist mit dem Frieder zur Schule gegangen.

Aber die waren noch zu Hause?

Ja, die waren noch zu Hause, aber schon erwachsen. Einer war Versicherungskaufmann und hat das Versicherungsbüro weitergeführt, also erst einmal mit seinem Vater und später wird er es alleine gemacht haben. Der andere Sohn war lange in Amerika. Er hat studiert und war nur sporadisch da.

Was waren dort deine Aufgaben außer Kochen?

Alles, was im Haushalt anfiel. Ich durfte bei der Familie deswegen arbeiten, weil die Frau einen ganz komplizierten Beinbruch hatte, am Knöchel. Sie musste ein Vierteljahr mit Krücken laufen und die hatten die Schlafräume oben und das Büro und die Wohnräume unten. Sie ist dann ganz beschwerlich die Treppe hochgekommen, ist ja klar, mit Krücken. Darum musste ich alle Dinge übernehmen, die sie in dem Zustand nicht machen konnte. Ich war immer in Hilfestellung für sie. Wenn sie runterwollte, hat sie mir gepfiffen – die konnte ganz toll pfeifen. Dann bin ich unten hingestanden, falls sie stolpert. Den Frühstückstisch richten, das gehörte auch zu meinen Aufgaben. Ich durfte auch mit ihnen frühstücken und alle Mahlzeiten mit ihnen einnehmen. Ich war wie eine Haustochter. Aber Frau Voelter hat schon gemerkt, dass ich gar nichts kann. Ich musste mal Rote-Bete-Salat machen, das vergesse ich nie. Sagt die Frau Voelter zu mir, Heidi, was kannst du denn von daheim, was habt ihr denn gekocht? Sage ich, Rote Bete, Rote Bete und nochmals Rote Bete – also *Rahnen* habe ich gesagt, so sagt man bei uns. Den ganzen Winter über gab es das. Sagt sie, das darfst du uns machen. Ich hatte keine Ahnung, wie man das macht, weil ich einfach zu wenig bei meiner Mutter in der Küche sein konnte. Jetzt musste ich da in Metzingen Rote Bete machen und habe die geschält – die darf man nie vorher schälen! Da sagt die Frau Voelter: Oh Heidi, ich meinte, weil du Rote Bete sagst, du kannst die kochen! Dann hat sie erst gemerkt, dass ich die Gerichte zwar von daheim kenne, aber nicht selbstständig kochen kann. Die hatte eine Eselsgeduld mit mir. Die war so nett, die Frau.

▶ **141**
Rahnensalat
(Rote-Bete-Salat)

Du hattest zwei Mal Glück mit den Familien.

Genau, ich hatte Glück. Sie hätte auch sagen können, was nützt du mir, wenn du nicht einmal das Einfachste kochen kannst. Ich war natürlich auch erst achtzehn.

Da konnte ich auch noch nicht kochen.

Siehst du. Und ich mochte gar keine Rote Bete. Meine Mutter hat die Rahnen so gekocht, dass sie mir nicht geschmeckt haben, ich hatte einen Ekel davor. Dann hat sie zu mir gesagt, jetzt machen wir das miteinander und dann werden wir sehen. Sie hat es ganz anders gewürzt.

Ist das der Salat, den du jetzt noch machst?

Genau.

▸141
Rahnensalat ▹
(Rote-Bete-Salat)

Man kocht einen Sud aus Wasser, Weinessig und Gewürzen: Nelken, Lorbeerblatt, Senfkörner und viel Zucker. Nicht das Salz und der Essig dürfen im Vordergrund sein, sondern eine leichte Süße. Bei der Frau Voelter hat das ganz anders geschmeckt. Seitdem liebe ich Rote Bete. So hat sie mir peu à peu das Kochen beigebracht. Auch wie man Kartoffelbrei macht. Wobei, ich komme wieder zurück zum Ursprung mit manchen Dingen. Das, was mal war, ist nicht schlechter, sondern oft noch besser als das Moderne. Das mit der Presse ist immer so viel Geschirr zum Spülen, dabei ist das so unnötig. Wenn man die Kartoffeln zwei Minuten länger kocht, kann man sie einfach stampfen und mit der Gabel bekommst du den besten Kartoffelbrei. Nur mit der Gabel, so hin und her. Nicht rühren, dass er nicht zäh wird. Das habe ich mal im Fernsehen gesehen. Dann dachte ich, die kocht doch professionell, hat auch schon viele Bücher geschrieben. Seither mache ich es wie im Ursprung, als man keine Gerätschaften hatte, keine Pressen, sondern nur den Stampfer und die Gabel. Das ist der beste Kartoffelbrei. Frau Voelter hat mir also Stück für Stück das gepflegte Kochen vermittelt. Die Frau hat wirklich gepflegt gekocht. Der Mann hat immer die Salatsoße gemacht, der hatte da ein eigenes Rezept, mit besonderen Blättern – das war Liebstöckel!

Kartoffelbrei ▹

◂91
Salatsoße

Da hast du dir das abgeguckt!

Ich bringe dir ganz viel Liebstöckel mit, hat er immer zu seiner Frau gesagt, wenn er geschäftlich nach Stuttgart gefahren und dann noch in die Markthalle gegangen ist.

Gab es in Metzingen keinen Wochenmarkt?

Ich kann mich nicht erinnern. Er hat die Spezialitäten jedenfalls in Stuttgart gekauft und eben auch den Liebstöckel für seine Salatsoße. Er hat in die Salatsoße gerne ein gekochtes Eigelb eingerührt, dann wurde sie sämiger und ist besser an den Salatblättern hängengeblieben als eine reine Vinaigrette. An die Salatsoße hat er niemanden anderes rangelassen. Wenn ich mal einen Salat angemacht habe, hat er gesagt, der schmeckt so nicht richtig. Aber sie haben sich immer sehr gewählt ausgedrückt, ohne dass sie mir wehgetan hätten.

Haben die Voelters schön gewohnt?

Ja, am Rand von Metzingen. Ich hatte ein schönes, kleines Zimmer und von meinem Fenster aus konnte ich Frieders Elternhaus sehen.

Habt ihr euch oft gesehen?

Unter der Woche kaum, weil Frieder war ja im Außendienst. Ab und zu kam er auch am Mittwoch heim. Wir hatten ausgemacht, dass ich mittwochabends zu seinen Eltern gehe, vielleicht ist er ja da. Meistens ist er gekommen. Wenn er nicht kommen konnte, weil seine Tour weiter weg war, bin ich halt bei seinen Eltern gesessen und wir haben eine Weile geredet.

Wann hat dich der Frieder seinen Eltern vorgestellt?

Noch in meinem ersten Winter in Metzingen. Ein paar Wochen nachdem ich ihn kennengelernt hatte, hat er mich mal mitgenommen zu seinen Eltern. Er hat ihnen erzählt, dass er eine Freundin hat, eine aus dem Bayerischen Wald, die bei Familie Wurz für die zwei Kinder im Haushalt ist. Seine Mutter hat bei uns eingekauft, er hat mir mal ein Foto gezeigt und dann war die Frau auch mal im Laden, ich habe aber nichts gesagt. Dann hat mich der Frieder mal mitgenommen. Erst einmal war ich total entsetzt – die Leute waren so alt. Das hätten die Eltern von meinen Eltern sein können, das war für mich ein Schock. Der Schwiegervater hatte nicht mehr viele Zähne. Früher hat man das nicht saniert, das gab es da nicht. Wenn ein Zahn gefehlt hat, hat er halt gefehlt. In dieser Gesellschaftsschicht zumindest.

Gab es nur noch Brei zu essen.

Viel Weichgekochtes. Herr und Frau Voelter waren so alt wie meine Schwiegereltern, die waren sogar Jahrgänger, 1903 und 1904. Aber das war eine ganz andere Gesellschaftsschicht, die wären nie so rumgelaufen. Sie hatten ja auch eine Versicherungsagentur und oft Gäste.

Aber die Familien kannten sich?

Sie kannten sich von der Grundschule. Später sind sie dann auf höhere Schulen gegangen und haben studiert, das war ja bei meinen Schwiegereltern nicht. Und so altmodisch – herrje, waren Frieders Eltern altmodisch! Ich habe nur gedacht, das sind Großeltern, die haben sich auch so gekleidet. Naja, ich war ja auch nicht aus wohlhabendem Hause. Was die Gesellschaftsschicht angeht, kam ich schon auch aus derselben Schicht. Aber meine Eltern waren fast zwanzig Jahre jünger, die hatten schon eine andere Sichtweise.

Inwiefern?

Also meine Eltern haben sich immer für modern gehalten. Die Schwiegereltern haben gar nicht gewusst, was das heißt – mit der Zeit zu gehen und dass jetzt eine neue Generation heranwächst, deren Bedürfnisse man auch ernst nehmen muss und der man nicht nur das Alte aufs Auge drücken darf. Das haben die halt grundsätzlich gemacht, darum hat sich auch der Frieder bei seinen Eltern irgendwann nicht mehr wohlgefühlt. Der ist gerne rausgefahren, was er ja auch durfte. Die Schwiegereltern waren liebe Leute, aber du musstest dich unterordnen und so anpassen, wie sie es gewohnt waren und das erwarteten sie von jedem. Man ist nach dem Mittagessen spazieren gegangen, da waren sie natürlich dabei – ist ja klar, wir waren ja noch nicht verheiratet. Dann ist man den Weinberg hoch. Nach dem Sonntagsspaziergang hat

man sich ins Wohnzimmer gesetzt, hat Zeitung gelesen oder sich unterhalten, bis es dann Kaffee und Kuchen gab. Wenn ich mich dann mal eine halbe Stunde auf das Sofa gelegt und vergessen hatte, danach die Kissen aufzuschütteln, dann war aber der Ofen aus. Mir ist zwar aufgefallen, dass sich meine Schwiegermutter dann ein wenig seltsam verhalten hat, sie war dann reserviert und abweisend, hat sich aber nicht getraut, zu sagen, ich soll doch gefälligst das Sofa so verlassen, wie sie es gerichtet hat, mit diesen fünf Kissen. Zack, so mussten die da stehen.

Wie im Hotel.

Das habe ich halt oft nicht gemacht. Dann hat es mir der Frieder mal gesagt, dass seine Mutter das nicht mag, das sieht schlampig aus. Die waren spießbürgerlich bis zum Gehtnichtmehr. Mein Vater war zwar auch so, aber im Haus war er ja nicht oft. Wenn der Vater mich gebraucht hat, dann hat er mich halt gerufen und ich habe die Arbeit liegenlassen müssen – auch wenn ich bei meiner Mutter in der Küche war und wir gerade Krapfen gemacht haben.

▸143 Krapfen

Machst du das eigentlich noch, Krapfen?

Ja! In Bayern zieht man den Teig zu Krapfen aus und ich mache es als Küchle. Schmeckt genauso gut und ist wesentlich leichter und schneller zuzubereiten. Schmeckt zu Süßem wie zu Salzigem. Die Herstellung als solche habe ich von meiner Mutter gelernt, da war ich immer dabei, weil da musste man zu zweit sein. Wenn das Fett heiß ist, muss die eine die Krapfen ausziehen und die Andere muss den Schmalztopf beaufsichtigen und die Krapfen wenden. Da war ich immer dabei.

Ich erinnere mich noch, dass es die in Bayern immer gab.

Zu Fasching, Weihnachten und Ostern werden Krapfen gebacken. Dann habe ich eben gemerkt, dass man schon sehr reglementiert wurde von diesen alten Leuten. Sie haben es so weitergegeben, wie sie erzogen wurden. Meine Schwiegermutter ist bei ihren Großeltern auf der Schwäbischen Alb aufgewachsen, weil sie daheim sieben oder acht Kinder waren, dann hat man die Kinder umverteilt. Die Großeltern haben sie dann aufgezogen, bis sie in die Schule gekommen ist. Sie kannte nur das, was sie von ihren Großeltern vermittelt bekommen hatte. Wobei das, was sie gemacht hat, hat sie gut gemacht. Es war zwar ganz schmales Wissen, aber woher hätte sie es lernen sollen? Sie konnte ja auch nicht dazulernen, sie ist nie in einem Haushalt gewesen. Ich war in zwei Haushaltungen, da kriegst du von jedem was mit, oft ganz grundverschiedene Dinge. Das war für mich eine große Bereicherung. Bei meinen Schwiegereltern kamen erst neue Gerichte auf den Tisch, als ihre Tochter Ruth die Kochschule absolviert hatte. Die Ruth hat auch tolle Kuchen gemacht, diese Obstkuchen, die ich ja heute noch mache – Apfelkuchen, Träublekuchen. Da haben wir alle eine Bereicherung erfahren. Sie hat jeden Samstag Kuchen gebacken und am Sonntag haben wir den genossen.

◀ 43 Obstkuchen

Hat Ruth gerne gebacken?

Ja, sie hat es gerne gemacht, aber immer mit Buch, das hat man ihnen in der Kochschule so beigebracht. Sie konnte es zwar auswendig, aber bevor man mal was vergisst.

Du kochst meistens ohne Rezept.

Das Meiste. Aber wenn ich eine Torte mache, muss ich auch nachschauen. Diese Schoko-Sahne-Torte, die ich für Helmuts Geburtstag gemacht habe …

▶ 147 Schoko-Sahne-Torte

Die war der Wahnsinn!

Für die brauchst du kein Rezept, die kannst du aus dem Handgelenk. Eine einfachere Torte gibt es nicht!

Ich habe noch nie eine Torte gemacht.

Christina, die kannst du, garantiert – nichts leichter als das.

Kochkurs

Mir fällt auf, dass ich so vieles noch gar nicht ausprobiert habe. Ich kann nicht einmal Soßen machen.

Du hast ja auch noch viel Zeit, das zu lernen, Christina. Das mit den Soßen hat sich bei mir so entwickelt, weil meine Kinder und mein Mann so gerne Soßen mochten.

Echte Schwaben.

Soßen sind eine Herausforderung. Früher hat man halt Soßenwürfel gekauft oder Päckle, dann hast du das untergerührt. Das habe ich auch gemacht, solange ich es nicht besser wusste. Bis ich dann mal einen Kochkurs gemacht habe.

Wann?

Das war, als die Kinder noch klein waren. Erst einmal habe ich über die Volkshochschule einen Kochkurs gemacht über vegetarisches Kochen, weil wir alle zuviel Fleisch essen. Das war ein oder zwei Abende, ich glaube in Tuttlingen. Da habe ich mich angemeldet, weil ich mein Wissen etwas erweitern wollte. An Gemüse kannte ich aus dem Bayerischen Wald ja nur Weißkohl, Kohlrabi, Blaukraut und Rote Bete. Das eigene Gemüse konnte ich, da hatte ich alles drauf, Krautsalat, Bayrisch Kraut oder Eintopf mit Weißkraut, Karotten und Kartoffeln – was man eben selber hatte. Ich musste mich auf das beschränken, was ich konnte. Aber zum Beispiel ein schönes Lauchgemüse, oder Blumenkohl oder Brokkoli kamen dann irgendwann auch auf, da hatte ich keine Ahnung, wie man so was zubereitet. Im Kochkurs wurde Wert darauf gelegt, dass man das Gemüse nicht totkocht. Bei meiner Schwiegermutter und auch bei meiner Mutter war alles eine Pampe, da hat man alles totgekocht. Und mit Mehlschwitze hat man es gestreckt. Von wenigen Mitteln mussten viele Leute satt werden. Und ich wollte von diesen Mehlsoßen wegkommen. Im Kochkurs habe ich ganz viel gelernt, zum Beispiel, wie simpel es ist, ein Lauch-

▸ 149 Krautsalat

▸ 155 Lauchgemüse

gemüse zuzubereiten, was nur zwei, drei Minuten dauert. Es muss noch Biss haben, sonst sind ja auch keine Vitamine mehr drin. Und schonend kochen, das habe ich da gelernt. So habe ich die neuen Gemüsearten, die auf den Markt kamen, in meine Küche eingebau, das war schon eine Bereicherung.

Das war in den Siebzigerjahren.

Genau. Ich erinnere mich noch, da unten im Öschweg, wo wir sechs Jahre gewohnt haben, hatten wir vor dem Haus einen schönen, sonnigen Garten. Da haben wir das ganze Gemüse selber gezogen: Blumenkohl, Gurken, Kohlrabi, Sellerie, Petersilie, Zwiebeln, Salat und Kräuter sowieso. Das hat auch der Frieder gern gemacht. Dort ist alles gewachsen und die Erde war damals noch gut. Das war früher Kartoffelacker, bevor es Bauland wurde. Deswegen wollte ich lernen, wie man Gemüse kocht. Spinat zum Beispiel, den kannte ich nur eingefroren. Früher hat man den ja so als Brei gemacht, das mache ich nicht mehr. In dem Kochkurs habe ich gelernt, Gemüse so zuzubereiten, dass der Eigengeschmack hervorkommt. Nur mit ein bisschen Öl, Zwiebel und Gewürzen – man kann es mit Rahm ein bisschen sämiger machen, wenn man das möchte. Unser Garten da unten war der Ursprung, warum ich mich an der modernen Küche orientiert habe. Meine Nachbarn – sie war eine Schwedin – die waren beide so Hobbygärtner. Bei denen habe ich abgeguckt. Die haben Karotten geerntet und dann hat mir die Frau immer erklärt, wie sie das kocht. Einmal hat sie mich eingeladen, sie hat eine Linsensuppe gemacht. Eigene Karotten waren da drin, eigener Rosenkohl und Sellerie, in Würfel geschnitten und etwas Speck – das hat geschmeckt! Und dann hat sie uns nochmal eingeladen, da war der Frieder auch dabei, da hat sie eine Tomatensoße gemacht – vom Feinsten. Sie hatte richtig schöne große Tomaten im Garten, diese Ochsenherztomaten. Ihr Mann hat das alles gepflegt und sie wusste, wie sie den Ertrag richtig umsetzt. Bei der Frau habe ich viel gelernt, die konnte Gemüse exzellent zubereiten.

Du hast also schon früher darauf geachtet, dass es nicht so oft Fleisch gibt.

Ja klar.

Dann kam aber die Zeit, in der Fleisch billiger wurde als Gemüse, dem sind wir alle verfallen und haben den Gefrierschrank gefüllt mit Koteletts. Oh, da gab es billiges Fleisch. Dass das aus Massentierhaltung ist, wusste man ja lange nicht.

Jetzt weiß man es und es gibt immer noch mehr.

Nein, nein, also der Fleischkonsum ist rückläufig. Ich mag schon ab und zu ein Stück Fleisch. Manchmal kaufe ich mir beim Metzger eine Scheibe Rostbraten, Abgehangenes.

Das heißt?

Dass es abgelagert ist. So ein frisches Stück Fleisch ist ja noch nicht mürb, das wird nie zart. Je abgelagerter ein Rindfleisch ist, ein Steak oder ein Stück Rostbraten, umso zarter wird es in der Pfanne. Wenn es schön abgehangen ist, ist es auch etwas dunkel. Da kaufe ich mir eine Scheibe, die kostet zwischen drei und vier Euro. Das brate ich in Rapsöl, ohne es vorher zu würzen. Du kannst auch Olivenöl verwenden und was geschmacklich noch besser ist, ist Ghee. Nur darfst du es nicht überhitzen, dafür ist es zu schade. Wenn du merkst, es ist heiß, tust du das Fleisch rein und es zischt ein bisschen, dann weißt du, es ist heiß genug. Und dann, von beiden Seiten, drücke ich mit der Gabel zweimal drauf, ob noch Blut rausläuft. Wenn nichts mehr kommt, schalte ich aus. Dann drehe ich es nochmal um und lege es auf einen Teller und dann würze ich es erst. In der Pfanne, in der das Steak drin war, brate ich noch Zwiebeln an, ganz viele, so Viertel, und schwenke sie leicht. Das ist Zwiebelrostbraten – das ist so lecker und Zwiebeln sind gesund.

◁ Zwiebelrostbraten

Da ich mir selber eigentlich nie Fleisch mache, schmeckt es mir gar nicht mehr so.

Wenn ich eine Woche lang kaum Fleisch gegessen habe, bekomme ich einen richtigen Heißhunger auf ein Stück Fleisch. Am besten schmeckt mir Schweinefleisch, aber ich muss wissen, wo das Fleisch herkommt. Oder das Lammfleisch vom Reinfelder Hof. Das genieße ich dann richtig und da

◀ 115 Lammbraten

lege ich auch das Geld gern hin, weil das Schafsfleisch ist ja das gesündeste überhaupt, das wärmt den Körper und jedes andere Fleisch kühlt. Ich denke, wenn man das Bedürfnis hat, ein Stück Fleisch zu essen – warum nicht. Ich esse ja sonst so viel Gemüse und Getreide.

Als Kind habe ich Oma Karola oft dabei zugeschaut, wenn sie Hühnerbrühe gekocht hat, dann durfte ich immer die Knochen abnagen. Das habe ich selber auch noch nie gekocht.

Was? Das müssen wir kochen: Hühnerbrühe mit Ingwer und Chili, das ist die beste Medizin gegen Erkältung. Oder wenn du eine Bauchgrippe hast – das wirkt Wunder! Kein Mensch weiß, warum das so heilend wirkt. Ich empfehle das jedem, der im Winter eine Erkältung hat: Mach dir eine Hühnerbrühe!

◂101
Hühnerbrühe

Bettwärme

Weißt du, Christina, wenn man die eigene Familie nicht mehr ständig in der Nähe hat, braucht man wenigstens Bilder um sich. Schau mal, auf diesem Foto war ich achtzehn und mit neunzehn habe ich geheiratet.

Und auf dem Foto findest du dich pummelig?

Ja, weil ich vorher so mager war. In der Zeit wurde ich dann etwas runder, da sah ich hübsch aus. Da habe ich zum ersten Mal eine richtig schöne frauliche Figur gehabt.

Weil du in der Metzgerei immer naschen durftest.

Ich durfte so viel Wurst und Fleisch essen, wie ich wollte. Mit Kost und Logis war das für mich das reinste Schlaraffenland in der Metzgerei Wurz. Mein Gott, auf dem Bild sehe ich so bieder aus. Die Frisur hat mir die Berta gemacht, die Freundin, die ich damals in der Schönbeinstraße hatte.

Ein schönes Kleid.

Das war grün.

Das sieht man auf einem Schwarzweißbild leider nicht.

Auf dieses Kleid war ich so stolz, das hat geglänzt! Das war an unserer standesamtlichen Hochzeit.

Und da ist ein Bild von eurer Hochzeit. Deine Eltern sehen ganz scheu aus.

Das war denen alles suspekt, weil die Hochzeiten im Bayerischen Wald ganz anders abgehalten wurden.

Wie?

Großzügiger, aufwendiger und pompöser. Aber im Bayerischen Wald haben wir uns nur verlobt. Das gab es da eigentlich gar nicht, Verlobung. Als ich meine Eltern gefragt habe, ob sie uns das ausrichten, haben sie gesagt, das können wir doch gar nicht, da sind wir überfordert. *Mei Heidi, wos verlongst uns do ob! Des kima mir doch goa ned leisten, wos du do mechst. Verlobung, des kenne mir joa goa ned.* Meine Eltern kamen natürlich auch aus dem bäuerlichen Umfeld, da gab es andere Traditionen. Dann habe ich zu meiner Mutter gesagt, es reicht, wenn sie eine Torte macht und vielleicht einen Zopf, und dann noch Wienerle mit Kartoffelsalat. Dann hat sie gesagt, *joa mei, wenn aich des glongt*, also auf gut Deutsch, wenn uns das gut genug ist, kann sie das schon organisieren.

▸ **157**
Schwarzwälder Kirschtorte
▸ **161**
Hefezopf

Wie waren bayrische Hochzeiten?

Ich war auf so gut wie keiner Hochzeit, außer bei meinem Bruder. Das war wie ein Volksfest mit drei- oder vierhundert Leuten – abartig, das kann man sich nicht vorstellen. Bis danach wieder alles im Lot ist, brauchst du drei Tage. So ein Aufwand.

Und wie habt ihr eure Hochzeit in Metzingen gefeiert?

Im kleinen Rahmen, so wie es in Metzingen üblich war – zumindest in dieser Gesellschaftsschicht. Unsere Hochzeit war ganz bescheiden, nur im engen familiären Rahmen, aber in einem schönen Ambiente. Im Hotel Schwanen haben wir gefeiert, das war das einzige richtige Hotel in Metzingen, wo man solche Feiern machen konnte. Aber das kannst du mit heute gar nicht vergleichen.

Wie ging es dir bei deiner Hochzeit?

Nicht so gut. Aber mir war das in dem Moment egal – Hauptsache, ich durfte den Frieder heiraten. Da habe ich viel geschluckt. Da ist es besser, man hält den Mund, als dass man sich die Zukunft verbaut. Meine Hochzeit war nicht, wie ich sie mir gewünscht habe, aber es liegen Welten zwischen den Bayern und den Schwaben. Zumindest damals gab es ein Gefälle, das du entweder ablehnen oder akzeptieren konntest – dazwischen gab es nichts. Mein Vater hätte mir die Hochzeit daheim ausgerichtet, er hätte sie mir auch bezahlt, damit hätte er sich auch profilieren können und seine Verwandtschaft einladen und zeigen, dass er finanziell in der Lage ist, seiner Tochter eine Hochzeit auszurichten.

Aber ihr wolltet in Metzingen heiraten.

Ja, weil ich wusste, dass meinen Eltern schon unsere kleine Verlobungsfeier bei ihnen zuviel war. Meine Mutter hat dann zwar wirklich alles ganz liebevoll gestaltet, aber meinem Vater hat das gestunken. Weil er so einen Aufwand nicht eingesehen hat. Wofür überhaupt? Das ist doch dummes Zeug, blödsinniger Aufwand. *Des muss ma ned, mocht ma ned, braucht ma ned.* Da musste meine Mutter Überzeugungsarbeit leisten, dass er das gestattet. Was heißt gestattet, er hat es halt über sich ergehen lassen. Gekümmert hat er sich um nichts. Wenn er von etwas nicht überzeugt war, dann war er auch nicht dafür zu haben.

Waren deine Eltern dann eigentlich einverstanden mit dem Frieder?

Ja, die waren sehr einverstanden mit dem Frieder. Gegen den Frieder sprach gar nichts, darum haben sie auch alles so gut gemacht, wie sie es konnten. Auch weil der Frieder so gut rüberbringen konnte, wie wir das gerne hätten. Ich muss immer wieder sagen, der Frieder konnte meine Eltern so für sich gewinnen, dass sie ihm mehr oder weniger aus der Hand gefressen haben, wie man so sagt. Eine Verlobung war ja nichts Außergewöhnliches, sondern eine Normalität, die es bei uns halt nicht gab. Als dann mein Vater mitbekommen hat, dass das in Frieders Familie so üblich war, hat er es akzeptiert, zähneknirschend. Auch wenn er es nicht nachvollziehen konnte und keinen Sinn darin gesehen hat. Sie haben auch geahnt, dass es ein Fiasko geben würde, wenn ich bei ihnen heiraten würde. Zu diesem Zeitpunkt waren sie überfordert, finanziell und mental. Als der Werner zwei Jahre später die Vroni geheiratet hat, hatte er selber schon Geld und konnte daher selber Vorgaben und Bestellungen machen.

Wo haben sich Werner und Vroni kennengelernt?

Vroni kam aus dem Nachbarort, also wahrscheinlich beim Tanz. Früher ist man oft am Sonntagnachmittag zum Tanz gegangen, aber da war ich ja schon weg. Aber ich habe die Vroni gekannt.

Woher?

Ich war doch für ein paar Wintermonate bei diesem Zahnarzt in Regen. Ich glaube, dort habe ich Vroni kennengelernt, bei einer Betriebs- oder Weihnachtsfeier.

Was hast du bei dem Zahnarzt gemacht?

Ich war dort so ein bisschen das Mädchen für alles. Sie hatten zwar für das Grobe eine Putzfrau, aber die Praxis, das Wartezimmer und die Patiententoilette musste ich jeden Abend sauber machen. Und tagsüber musste ich der Frau vom Zahnarzt oben im Haus helfen.

Hast du auch manchmal dort übernachtet?

Normalerweise hätte ich mit dem Bus heimfahren sollen, weil mein Vater mich immer unter Kontrolle haben wollte. Aber wenn bis acht Sprechstunde war, habe ich abends keinen Bus mehr bekommen. Der letzte Bus fuhr um sieben, wenn die Geschäfte schlossen. Dann hat die Frau vom Zahnarzt zu meinen Eltern gesagt, die Heidi kann jederzeit hier schlafen, sie hat ein kleines Zimmer. Ein schönes Zimmer – so schmal, da drin konntest du nicht umfallen. Aber es war immerhin schöner als daheim und es war warm, die hatten eine Zentralheizung und warmes Wasser.

Du hast mal erzählt, dass ihr daheim so Strohmatratzen hattet und im Winter die Eiszapfen von der Decke hingen.

Du solltest wirklich mal mit meiner Schwester Annerl sprechen, die kann das so schön erzählen. Manchmal muss ich gleichzeitig lachen und weinen, wenn sie erzählt, wie sie ihre Kindheit erlebt hat. Sie ist so herzlich – direkt, aber herzlich, gleichzeitig ist sie so verbittert. Ihr hat niemand geholfen, die Vergangenheit zu bewältigen. Ich habe euch, ich habe den Stephan gehabt, der mich schon ganz früh immer wieder ausgefragt hat. So konnte ich lernen, mich zu öffnen.

Was erzählt Annerl denn?

Annerl hat mir von der Zeit erzählt, nachdem ich weg war. Da hat sie diese Ungereimtheiten und das ungesunde Elternhaus so richtig zu spüren bekommen. Aber auch vorher schon. Ich vergesse den Tag nicht, an dem ich gegangen bin, als ich aus dem Hof raus bin und der Frieder mich abgeholt hat. Sie stand als Achtjährige im Hof und hat geweint. *Heidi, i mog mit dir und mim Frieder geh!* Innerlich habe ich auch geweint. Annerl und ich waren bis dahin wie ein Tandem, wir haben uns ein Bett geteilt, den Strohsack, der in der Mitte immer so eine Kuhle hatte – da war ja keine Sprungfeder drin – in der Kuhle sind wir gelegen, Rücken an Rücken, und dann haben wir uns immer gestreichelt und den Rücken gekrault, erst sie mir, dann ich ihr. Dann mussten wir in der Früh nur ein Bett machen. Den Strohsack schütteln – das war Schwerstarbeit und Dreck hat es auch gegeben. Das war wie ein Jutesack, da ist natürlich die Spreu durchgefallen, das Stroh bricht mit der Zeit.

Habt ihr das ab und zu neu gefüllt?

Ja, immer wenn die Matratze zerfleddert war, dann war sie keine Unterlage mehr, auf der man bequem liegen konnte. Dann musstest du das wieder wechseln, den Sack rausholen, die Streu als Einstreu in den Stall schütten und hinten in der Scheune frisches Stroh einfüllen. Da waren wir dann zu zweit, alleine ging das nicht. Eine hat den Strohsack aufgehalten und die andere hat ihn ausgepolstert, richtig schön fest gemacht. Also, Annerl und ich haben immer in einem Bett geschlafen.

Immer?

Immer. Und die Bettdecke war so gefroren, die hat geglitzert, so kalt war das. Auch die Wände haben geglitzert, da war überall Frost dran, Raureif – so kalt war unser Schlafzimmer. Wenn meine Mutter Brot gebacken hat, haben wir die heißen Laibe in ein Geschirrtuch gewickelt und unter die Bettdecke gelegt, als Bettwärmer. Wir hatten zwei Betten, einen kleinen Tisch und einen Schrank. Da hatten Annerl und ich ein Fach für die Kleider.

Was hattet ihr für Kleider?

Also ich hatte ganz wenig Gescheites. Meine Mutter hat uns nur das Billigste gekauft, weil das Geld knapp war. Weißt du, ich habe mich sehr früh vom Acker gemacht, im Gegensatz zu der Annerl, sie hat viel länger zu Hause gewohnt, bis sie mit fünfundzwanzig geheiratet hat.

Ihr musstet heiraten, um da rauszukommen.

Sie hat da gewohnt, weil das Geld, das sie als Verkäuferin verdient hat, kaum gereicht hätte, um sich irgendwo ein Zimmer zu nehmen. Dann wäre sie alleine in einem Zimmer gesessen. Irgendwo muss man ja auch seine Wäsche waschen. Da gab es noch keine Wohngemeinschaften, Christina. Mit Sicherheit hat sie oft mit dem Gedanken gespielt, sich eine Wohnung zu nehmen, aber sie hat immer gemeint, es kommt irgendwann so ein Prinz wie der Frieder daher. Das hat sie ihm auch immer gesagt, *worum host denn du koan Bruada ned?* Warum kennst du denn niemanden, der zu mir passt? Weißt du, so einer wie du! Den Frieder hat sie vergöttert, sie hat ihm sogar Briefchen geschrieben.

Was hat sie geschrieben?

Sie hat geschrieben, die Heidi hat heute so starke Kopfschmerzen, dass sie dir nicht schreiben kann, darum schreibe ich dir. Da war sie so acht Jahre alt. Und wie schön – in Druckschrift! Als ich ihr die Briefe gegeben habe, hat sie gesagt, habe ich mal so eine schöne Schrift gehabt! Und weißt du, lieber Frieder, ich mag dich inzwischen genauso gern wie die Heidi – wir haben so gelacht! Und denk mal, Christina, der Frieder hat doch im Februar 2007 den Herzinfarkt gehabt. Und vier Wochen vorher habe ich die Liebesbriefe weggeworfen. Weil ich mir gedacht habe, was ich nicht entsorge, fällt irgendwann meinen Kindern zur Last. Und ich will gar nicht, dass die Briefe jemand anderes liest.

Du bist froh, dass sie weg sind, aber mich macht es traurig.

Aber das waren doch

nichtssagende Briefe, da hättet ihr vieles gar nicht verstanden. Meine Briefe waren nicht dabei, die hat er wahrscheinlich weggeworfen. Ich habe seine aufgehoben, da waren zwei drin von der Annerl.

Aber die waren doch an ihn.

Die waren an ihn.

Dann müssen deine Briefe doch auch noch da gewesen sein.

Die waren an ihn, das stimmt. Dann waren auch die von mir wohl auch noch drin.

Oma, du bist unmöglich!

Von mir gab es nur wenige Briefe, ich hatte ja nicht so viel Zeit zum Schreiben.

War sein erster Brief auch noch dabei, in dem er sein Kommen angekündigt hat?

Der war auch dabei. Weißt du, ich wollte meine bayrische Vergangenheit auslöschen – echt wahr, Christina. Erst als das weg war, habe ich mir gedacht, so, jetzt hast du ein Kapitel beendet. Weil das negativ besetzt war. Jetzt finde ich es schade, dass sie nicht mehr da sind. Nur die zwei von der Annerl habe ich aufgehoben und ihr gegeben. Aber es waren wirklich sachliche Briefe, er hat ganz neutral geschrieben: Heute war ich in Ravensburg, heute habe ich so und so viel verkauft, meinen Eltern geht es gut, ich freue mich schon wieder, bis ich dich besuchen darf, ich hoffe es geht dir gut und dass du nicht zu sehr leiden musst. Der hatte so eine schöne Schrift, der Frieder.

Hast du die Briefe mal irgendjemanden lesen lassen?

Nie. Dich hätte ich sie jetzt schon lesen lassen. Im Nachhinein habe ich mir gedacht, jetzt habe ich sie so lange aufgehoben, schön gebündelt, mit Schleifen.

Als du ausgemistet hast, wolltest du ja sogar Fotos wegwerfen.

Mich hat es so geschockt, als wir das Haus von Frieders Eltern ausräumen mussten – mein Gott, habe ich mir gedacht, wieso haben diese Leute nie etwas weggeworfen? Wir waren total überfordert mit dem Ausräumen dieses kleinen Häuschens. Nein, das mute ich meinen Kindern nicht zu.

Du musstest in deinem Leben schon zu viele Häuser entrümpeln. Weißt du noch, was in Frieders erstem Brief stand?

Dass ich ihm fehle und dass er sich freut, bis er mich mal besuchen darf. Dass er mich mag und dass er sich freut, dass er mich kennengelernt hat. Ja, und dass er hofft, dass wir irgendwann ganz zusammen sein dürfen. Solche Sachen, das war mehr so ein Wunschdenken, das war unser Ziel.

Hast du dich über die Briefe gefreut?

Und wie! Der Tag war gut, wenn ein Brief kam. Ich konnte es kaum erwarten, bis der Briefträger da war. Manchmal kam auch keiner oder meine Mutter hat ihn mir unterschlagen.

Eure Briefe haben diese riesige Distanz überbrückt. Fernbeziehungen gab es damals sicher noch nicht oft.

Ich habe lange Zeit nicht daran geglaubt, dass das hält. Hätte der Frieder keinen Geschäftswagen gehabt, hätte unsere Beziehung auf diese Distanz nicht gehalten. Er musste jede Woche den Kilometerstand ablesen und für die Firma zur Abrechnung eintragen. Es gab ja mehrere Außendienstmitarbeiter, die sich regelmäßig getroffen haben, um Erfahrungen untereinander auszutauschen, über die Kundschaft, aber auch über private Dinge. Damals ging das ja nur von Angesicht zu Angesicht, Handys gabs ja nicht. Dann hat man sich halt einmal die Woche getroffen. Da hat ihm dann mal einer verraten, der auch so eine Beziehung hatte, dass man den Kilometerzähler manipulieren kann. Die haben sich dabei nicht so viel gedacht, obwohl das Betrug war. Aber was tut ein verliebter Mensch nicht alles, wenn er ein Ziel vor Augen hat.

Die Traumfrau in Bayern!

Meine Eltern haben nie daran

geglaubt, dass die Beziehung hält. Die haben sich gefreut, wenn er gekommen ist, dann hatten sie eine willige Arbeitskraft. Dem war keine Arbeit zu schlecht und er hat überall mit angepackt. In der Landwirtschaft musst du Dinge tun, die dich auch anekeln – allein schon den Stall auszumisten ist eine Herausforderung.

Das stinkt.

Fürchterlich! Und wenn du Pech hast, wirst du vollgespritzt, weil die Kuh gerade kackt, während du dahinter stehst und den Mist wegmachst oder frisches Streu reinschüttest. Der Frieder hat alles gemacht und war sogar beim Kalben dabei, hat beim Rausziehen geholfen. Ich war da nie dabei, da wäre mir übel geworden. Das ging lange. Er war vom Anfang bis zum Ende dabei. Es hat ihm imponiert, wie so ein junges Kälbchen so schnell auf die Füße kommt, im Gegensatz zu einem Menschen, der fast ein Jahr braucht, bis er auf eigenen Füßen steht. Und wie schnell die dann auch das Kuheuter finden – das ist erstaunlich. Meine Eltern haben sich gefreut, wenn der Frieder kam. Er war ihnen nicht unangenehm und sie haben viel von ihm profitiert. Weil er willig war, geschickt und intelligent, ein angenehmer Gesprächspartner, nicht großspurig – er war mit allem zufrieden und hat sich meinetwegen angepasst. Aber nur bis zu einem gewissen Grad, dann hat er sich auch behauptet und gesagt, was Sache ist. Er hat auch von meinen Eltern verlangt, dass wir wenigstens am Sonntagnachmittag zusammen fort dürfen. In der Früh in den Gottesdienst, dann habe ich meiner Mutter mit dem Kochen geholfen und am Nachmittag durften wir zwei alleine fort. Das war die einzige Zeit, die wir für uns hatten. Und am Montag früh ist er wieder losgefahren auf seine Verkaufstour.

Hatte er damals schon das Reisegebiet hier?

Ja, in Mühlheim im Rössle hat er immer übernachtet, wenn er hier in der Gegend war. Er hatte schon das ganze Bodenseegebiet, Oberschwaben. Später wurde das Gebiet erweitert, weil er ja von seinem Gebiet leben musste. Er war Provisionsreisender, hatte also ein Festgehalt und Provision.

Die Tour musste so ausgelegt sein, dass er ausgelastet war. Er hat sich dann neue Kunden suchen müssen, Richtung Freiburg. Da hatte er sich ein Reisegebiet aufgebaut, das ging von Freiburg bis Sonthofen. Später hat er dann immer geschaut, dass er das Reisegebiet so legt, dass er abends heimkommen kann.

Wie oft ist er in den Bayerischen Wald gekommen?

Alle vier Wochen, mindestens. Und wenn zwischendrin Fronleichnam oder Himmelfahrt war, dann kam er über das lange Wochenende. Das war dann schon schön, wenn er länger da war, aber er wurde ja immer eingeplant von meinem Vater. Er und der Werner und mein Vater, die haben schon viel geleistet. Anfangs war es ja schon ein schäbiges Anwesen, das wir da hatten.

Und wann ist es dann so schön geworden? Erst später, als es dein Bruder übernommen hatte?

Der Werner hat das Haus später in Eigenregie hergerichtet und das Vieh verkauft. Als Maurer war er die ganze Woche weg. Mit meiner Mutter konnte die Vroni auch nicht mehr so rechnen, weil sie dann schon drei Herzinfarkte gehabt hatte. Den Stall hat meine Mutter schon noch gemacht, aber schwere Sachen konntest du ihr nicht mehr zumuten. Dann hat der Werner die Landwirtschaft aufgelöst, hat den Stall ausgehöhlt, das Mauerwerk und den Putz komplett weggeschlagen, alles frisch isoliert, einen neuen Boden reingelegt und die Fremdenzimmer eingerichtet. In der Wohnung über dem Stall hat der Werner früher schon gewohnt, bis meine Eltern 1975 aus dem Haus ausgezogen sind. Zu dem Zeitpunkt, als der Werner das Haus renoviert hat, wurde der Tourismus gerade groß, auch weil die Grenzen geöffnet wurden und viele Feriengäste aus dem Osten kamen, weil sie endlich reisen durften. Da haben sie gutes Geld verdient. Wenn der Werner das gewusst hätte, hätte er das schon früher gemacht. Da haben sie viel mehr verdient, als mit der Landwirtschaft.

Jakobs Mama hat gesagt, dass sie es so schön ursprünglich findet im Bayerischen Wald.

Das sagen viele.

Wir waren nahe der Tschechei. Da hat es aufgehört, da war dann sozusagen eine Bretterwand, da ging auch die Bahnstrecke nicht weiter. Wir waren Hinterwäldler, lange rückständig und vom Wohlstand weit entfernt, als sonst überall schon das Wirtschaftswunder zu spüren war. Das kam bei uns erst später an, weil es kaum Industrie gab. Die Männer mussten alle fort, wenn sie Geld verdienen wollten. Die kleinen Höfe, wie wir einen hatten, waren nur ein Nebenerwerb – davon konnte keine Familie existieren. Da musste man sich spezialisieren und das ging erst mit den Subventionen der EU. So, und jetzt gehen wir eine Pizza essen.

▸ 163
Grünkernsuppe ▷

Für die Grünkernsuppe habe ich heute Morgen schon geschroteten Grünkern in Gemüsebrühe eingeweicht, dann in den Topf gegeben und gekocht. Und diese zwei Eigelbe hier nehmen wir zum Legieren der Suppe, kurz bevor wir sie servieren.

▸ 169
Aprikosenkonfekt

Sind die Eigelbe übrig vom Aprikosenkonfekt?

Genau. Und zu den Eigelben kommt noch ein Schuss Sahne, verquirlen und nachher in die Suppe einrühren.

Was ist Grünkern eigentlich?

Grünkern ist Dinkel, der unreif geerntet und dann getrocknet wird. Christina, schneide bitte mal die Petersilie. Die ist fast ein bisschen überlagert, aber sie geht noch. Nimm das große Messer, damit kommst du am besten klar. Und dann kannst du noch zwei Karotten schälen für unsere ayurvedische Gemüsepfanne.

▸ 171
Ayurvedische
Gemüsepfanne

Was ist das da in der Schüssel?

▸ 175
Apfeldessert ▷

Das ist unser Dessert, das habe ich gestern gemacht, weil ich so viele Äpfel habe. Einfach geschält, klein geschnitten und ein paar Minuten in Orangensaft gedünstet – man kann aber auch Apfelsaft nehmen. Dann noch eine Prise Zimt und Ingwerpulver dazu. Damit will man einem Gericht eine interessante Note verleihen, entweder mit Zimt, mit Kardamom oder mit Ingwer.

Kardamom habe ich noch nie verwendet.

Kardamom ist super! Komm her und probier mal: Kannst du kauen, das regt die Geschmacksnerven an – wundervoll ist das. Ich kaufe ihn immer ganz und mahle ihn dann im Mörser, gemahlen verliert er schnell das Aroma. Das Dessert ist aber noch nicht ganz fertig, jetzt kommt die Krönung. Aber Christina, das solltest du dir eigentlich angewöhnen: Alles gleich wieder versorgen, wenn du es geputzt hast. Das endet in einem Chaos, wenn man das nicht alles sofort wegräumt. Dann verliert man den Überblick, weil zuviel Zeug rumsteht, weißt du?

Jaja.

Das sind so Sachen, die den Ablauf wesentlich erleichtern. Ich habe das schon immer so gemacht, ich kenne das von daheim nicht anders.

Erklär mir mal, was du jetzt vor hast, dann habe ich mehr davon.

Es reicht, wenn du zuschaust – Kochen lernst du am allerbesten durch Zuschauen. Die ganze mündliche Theorie kannst du gar nicht behalten, das macht dich bloß nervös. Hier haben wir Mandelblättchen mit Zucker, das gebe ich mit einem Esslöffel Ghee oder Butter in eine Pfanne und lasse es karamellisieren. Da muss man aufpassen, dass es nicht zu dunkel wird, notfalls einfach die Pfanne zur Seite schieben. Da muss man immer dabeibleiben und darf nie weggehen. Jetzt kann ich schon ausschalten, so kann man energiesparend kochen. Kochen ist spannend und sinnlich. Jetzt machen wir noch Schlagsahne dazu, mit etwas Vanillezucker. ◁ Apfeldessert

Das mache ich!

Dann zieh dir eine Schürze an, das spritzt nämlich mit diesem elektrischen Gerät da.

Du hast sogar zwei Schürzen: Kariert für dich und Blümchen für mich.

Schau mal, in diesem Glas habe ich Vanillezucker. Den mache ich mir selber: Einfach die Vanilleschoten auskratzen, mit Zucker vermischen und die Schoten mit im Glas lassen. Jetzt machst du mit der Sahne kleine Häufchen auf das Apfelkompott und oben drauf kommen die karamellisierten Mandeln. Das ist ein preiswertes, gesundes Dessert. ◁ Vanillezucker

Und lecker!

Sowieso. Jetzt kannst du den Tisch decken: Suppenteller, große Glasschälchen, große und kleine Löffele.

Geheimfach

Ein schönes Hochzeitskleid hattest du.

Ja, ganz schlicht. Also mir hat es damals auch gefallen, aber heute würde ich so was nicht mehr kaufen.

Steht ja gerade auch nicht an.

Damals hatte ich ja sowieso keinen eigenen Geschmack und wusste auch nicht, was mir steht. Ich durfte nie selber was aussuchen, mir wurde alles zugeteilt. Dann waren die Ruth und meine Schwiegermutter dabei. Früher war es ja so, dass der Bräutigam dein Kleid nicht sehen durfte. Die beiden Frauen haben gemeint, das würde mir gut stehen, also habe ich es gekauft. Ich habe es lange auf dem Dachboden gehabt und erst weggegeben, als der Frieder nicht mehr da war, als ich den Dachboden entrümpelt habe.

Da hast du mal wieder einen Radikalschlag gemacht.

Gott sei Dank habe ich das gemacht, da bin ich sehr froh drüber.

Hat deine Oma eigentlich noch gelebt, als du geheiratet hast?

Als ich den Frieder schon kannte und er in Metzingen war und ich in Bayern, habe ich mit meiner Oma oft über ihn geredet. Dann hat sie gesagt, *mei, des is hoid a Luthrischer.* Sie hat aber gemerkt, dass er mein Traummann ist. Das war ein feiner Mann gegen diese *Bajuwaren*, die ich kannte. Ich habe lange gemeint, alle Männer sind wie mein Vater und mein Bruder. Ich bin ja sonst nirgends hingekommen, woher hätte ich denn Vergleiche haben können?

Hat dein Bruder Freunde mit nach Hause bringen dürfen?

Der schon. Die waren aber fast alle wie er. Nicht alle, der Nachbarssohn, der hatte einen großen Hof, der sah gut aus und hätte mich auch gerne gehabt.

Aber der hat sich nichts getraut, er hat mich nur immer heimlich beobachtet. Er ist zu meinem Bruder gekommen, aber eigentlich wollte er mich sehen. Da sind immer wieder ein paar Kameraden gekommen. Die haben miteinander gekickt, im Winter Eisstockschießen gemacht und im Sommer eine Kegelbahn gebaut – was die Landjugend in so einem Nest eben machen konnte. Da waren ein paar im Ort, die mich gerne gehabt hätten. Einer hat es mir auch gesagt. Jesses Gott, habe ich mir gedacht, in diesem Kuhnest – nein!

Bloß weg!

Da siehst du nur Arbeit: überall Misthaufen und einen Haufen Viecher – das wollte mein Vater für mich als Zukunft, weil ich da ausgesorgt hätte, da musst du nie hungern. Die haben das auch mitgekriegt, dass der Nachbarssohn mich gerne sieht.

Wie war es für deine Eltern, als Frieder und du beschlossen habt, dass ihr heiraten möchtet?

Ich habe mich ja nichts zu sagen getraut, weil ich immer diese Ausbrüche von meinem Vater befürchtet habe. Dann habe ich eigentlich nur das Nötigste geredet und gesagt, dass der Frieder gerne kommen möchte, um mit ihnen darüber zu sprechen, was wir vorhaben. *Joa, wos hobds n ia zwoa vor?* Heiraten. Dann hat mein Vater gesagt, wovon möchtest du denn heiraten? Wir haben jetzt kein Geld, wir haben erst einen Traktor bestellt. Wir können dir keine Hochzeit ausrichten. Ich hatte ja auch kein Geld – woher denn?

Hast du in Metzingen nur für Kost und Logis gearbeitet?

Ich habe da schon auch ein bisschen was verdient, ich glaube so hundertzwanzig oder hundertfünfzig Mark im Monat – nicht viel. Und ich habe alles gespart, davon habe ich später meine Brautausstattung bezahlt. Ich hätte mal Geld gehabt und ich war so naiv, dass ich das abgeliefert habe – das verzeihe ich mir nie!

Wo hast du welches Geld abgeliefert?

Wir hatten

doch diese drei alten Leute im Haus, denen das Gehöft mal gehört hat. Die Frau hat von meinem Vater eine kleine Leibrente bekommen. Sie hat nicht viel gebraucht, gewohnt und gegessen hat sie bei uns, also hat sie dieses Geld gespart. Jetzt pass mal auf, damit du weißt, was es für Zufälle gibt. Die Frau ist gar nicht so alt geworden, ich glaube sechsundsiebzig, im Gegensatz zu diesen zwei Männern, die sind weit über achtzig geworden. Als die Frau gestorben ist, haben wir ihr großes Zimmer ausgeräumt. Mein Vater war sicher, die Frau muss Geld gehabt haben. Sie hat von ihm über so viele Jahre jeden Monat diese Leibrente bekommen und ja sehr spartanisch gelebt. Also war mein Vater auf der Suche nach Geld. Die muss das irgendwo haben. Wenn sie abends alleine war, hatte die Frau Selbstgespräche geführt und dabei ein paar Mal gesagt, *Hermann, du wiast di no wundern, aber mei Geid findst du ned.* Meine Mutter hat da manchmal gelauscht, ein paar Fetzen mitgekriegt und gesagt, jetzt fantasiert sie wieder. Das war schon normal, du hättest meinen können, sie hat Besuch. Als sie gestorben war, mussten wir alle suchen – alle! Alles haarklein abgesucht. Die Frau hatte Berge von Bettwäsche, Tischwäsche, Unterwäsche, die sie von Wittweiden und Quelle bestellt hatte – alles noch originalverpackt. Die hat sie in ihrem Zimmer gestapelt, das war ihr Wohlstand. Da ist immer wieder ein Paket gekommen, dann hat meine Mutter sie gefragt, wozu brauchst du das? Du hast doch genug Bettwäsche und Leibwäsche. *Joa, ma woas ned, wos fia a Zeit kimmt, dann simmer froh dran.* Die Leute haben halt zwei Kriege miterlebt und wussten, was sein kann, wenn man nichts mehr kriegt.

Wenn man keine Unterwäsche mehr hat.

Genau. Und dann, Christina, haben wir halt kein Geld gefunden. Wir haben alle gesucht: Mein Vater, meine Mutter und ich haben alles durchgeschaut, die ganze Wäsche – einen Teil haben wir verschenkt, das war Bettwäsche, die keiner wollte. Weißt du, so blau und weiß kariert mit *Herzerl* drauf. Mit Bordüren und Paradekissen. Jedenfalls, ich muss jetzt mal zum Punkt kommen, haben wir kein Geld gefunden. Tja. Dann kam die Zeit, als ich nach Metzingen gegangen bin.

Und da waren noch so Brieftaschen von dieser Frau. Eine war voll mit den Rechnungen von Wittweiden und Quelle und in einer anderen waren lauter Sterbebilder drin, von ihren verstorbenen Vorfahren – *Sterbbeidl* gibt es ja heute noch in Bayern. Kann ich dir mal zeigen, ich habe ein paar aufgehoben, von meinem Vater. Die hat man immer aufgehoben, als Andenken an den Verstorbenen. So, und dann haben meine Mutter und ich noch eine dritte Brieftasche gefunden, da war nichts drin. Dann habe ich meine Sachen für Metzingen gepackt und meine Eltern gefragt, ob ich diese Brieftasche mitnehmen darf für meinen Personalausweis, mein Impfbüchlein, meine Krankenversicherungskarte und meine Adressen – eben für so Dinge, die man dabei hat, wenn man in die Fremde geht. Ja, ich könne die Brieftasche mitnehmen. Du wirst es nicht glauben, Christina: Eines Abends sitze ich in meinem Kämmerchen in Metzingen, suche was in dieser Brieftasche und finde knapp vierhundert Mark! Das war das Geld von der Frau. Davon hätte ich mir irgendwann mal was Nettes zum Anziehen kaufen können oder auch Unterwäsche – ich hatte ja so wenig, dass ich mir meine Schlüpfer von Hand auswaschen musste. Familie Wurz hatte zwar eine Waschmaschine, die durfte ich auch benutzen, aber das hat sich ja erst mit einer größeren Menge Wäsche gelohnt. Ich hätte das Geld so dringend brauchen können, aber statt es einfach zu behalten, war ich so naiv und habe es nach Hause gebracht.

Die gute Erziehung.

Siehst du. Als Belohnung für meine Ehrlichkeit hat mir mein Vater fünfzig Mark geschenkt. Im Nachhinein habe ich gedacht, das wurde von oben eingefädelt. Es war gewollt, dass ich mal zu ein bisschen Geld komme. Ich hätte mir auch gerne mal ein Stück Torte oder einen Eisbecher gekauft, wie die Gleichaltrigen. Aber nein, ich habe alles, was ich verdient habe, gespart.

Es hat sich doch sicher gut angefühlt, deinen Eltern von deinem Fund zu berichten, oder?

In dem Moment schon. Aber das Geld war für mich bestimmt.

Aber es ist sehr aufrichtig, dass du es gesagt hast.

Ja, so bin ich. Ich hätte immer ein schlechtes Gewissen gehabt, hätte vor meinen Eltern lügen müssen, woher ich das Kleid habe und die Schuhe und den Pullover. Lügen hat man uns überhaupt nicht erlaubt, es hätte Schläge gegeben, wenn mein Vater mich bei einer Lüge ertappt hätte, darauf war er allergisch. Aber im Nachhinein habe ich oft gedacht, Heidi, wieso warst du so naiv? Das Geld war für mich bestimmt und es wäre für mich ein Vermögen gewesen!

Dafür wurdest du an anderer Stelle reich beschenkt, vielleicht nicht in Form von Geld.

Da hast du vollkommen recht. Ich wurde für alles entschädigt, das sehe ich längst so. Als ich meinem Vater gesagt habe, dass wir heiraten, war er erst sauer, weil er doch gerade kein Geld hatte und weil sie mich natürlich nicht gehen lassen wollten. Wir brauchen dich doch und du lässt uns hängen und so. Es hat ihnen gefallen, dass der Frieder so oft gekommen ist und seinen Jahresurlaub dort mit Arbeiten verbracht hat. Für unsere paar Stunden am Sonntagnachmittag ist der Mann achthundert Kilometer gefahren. Als er dann kam, hat er zu meinen Eltern gesagt, dass er gerne mit ihnen etwas besprechen möchte, ich hätte es ihnen ja schon angekündigt, und dass er uns alle einlädt zum Abendessen ins Wirtshaus nach Deggendorf. Ich hatte mich ja nicht getraut, ihnen das alles so zu erzählen, hatte es nur anklingen lassen.

Hast du ihm geschrieben, dass du dich nicht traust, es ihnen zu sagen?

Ja, ich habe ihm auch geschrieben, dass meine Eltern nicht begeistert sind, weil sie einen Traktor bestellt und kein Geld haben. Frieder hat dann gesagt, er erklärt ihnen, dass er einen Bausparvertrag hat und das Geld reicht, um uns eine kleine Wohnung einzurichten. An dem Abend waren meine Eltern erst einmal geschockt. Die hatten nicht damit gerechnet, dass der Frieder ihnen einen vorgefertigten Plan unterbreitet, dass das eigentlich machbar ist und

dass es dem Frieder ganz ernst ist. Der Frieder hat zu mir gesagt, wenn wir es nicht ernst machen, musst du nächsten Sommer wieder heim. Diese Fahrerei mache er nicht mehr mit. Und wenn das so weitergegangen wäre, hätte ich ja auch nie eigenes Geld verdient.

Er wollte dich da endgültig rausholen und ihr wart ja eh überzeugt, dass ihr heiraten wollt.

Genau.

Und dann habt ihr geheiratet. Wie war eure Hochzeit?

Sie war ein bisschen mühsam, so wie wir sie gestaltet haben. Anstrengend. Die Vorraussetzungen waren nicht gut, weil unsere Wohnung noch nicht frei war. Am liebsten hätte ich mit dem Frieder ganz alleine geheiratet und erst später eine Feier gemacht. Aber wahrscheinlich gibt es auch heute noch solche Situationen. Jetzt hast du da einen Mann, den du so innig liebst, dass du deine ganze Verwandtschaft dafür eintauschst. Und dann denkst du irgendwann, wenn du jetzt nochmal den ganzen Sommer daheim sein sollst – wer weiß, ob er irgendwann noch kommt, ob er noch Interesse hat? Jetzt hatte ich mein Ziel erreicht, von daheim wegzukommen, wo für mich so vieles schlecht war – außer Weihnachten.

Wen habt ihr eigentlich zu eurer Hochzeit eingeladen?

Meine Eltern, Tanten und Onkel sind mit einem Kleinbus angereist, meine Geschwister mussten zu Hause bleiben. Die bayrische Verwandtschaft haben wir in dem Hotel einquartiert, in dem auch die Feier stattfand. Es gab eben nur dieses eine Hotel, in dem man solche großen Feiern abhalten konnte. Da bin ich heute noch begeistert, was für Zufälle es gibt. Dort waren nämlich gleichzeitig zwei Hochzeiten, eine im unteren Stock und wir waren im oberen Stock, in einem großen Saal. Der war etwas unpersönlich, auch nicht geschmückt, wie es halt in den Fünfziger- und Sechzigerjahren war. Dass an dem Tag noch eine zweite Hochzeit stattfand, wussten wir im Vorfeld nicht. In der Kirche bei unserer Trauung haben wir es gemerkt, da hat einer Geige gespielt. Dann sagt der Frieder, den habe ich aber nicht bestellt. Wir haben überlegt, vielleicht hat ihn der Kurt für uns engagiert? Jedenfalls haben wir uns riesig über die Musik gefreut.

War er bei der falschen Hochzeit?

Nein. Der Musikant war für die Trauung vor uns engagiert. Dort hat er erfahren, dass anschließend der Frieder heiratet und gesagt, den kenne ich! Und dann hat er für uns auch noch gespielt.

Schön!

Ja. Aber jetzt pass auf: Vor einigen Jahren waren wir am Bodensee mit Frieders Jahrgängern aus Metzingen – anlässlich der goldenen Konfirmation war das glaube ich. Da saß ein Paar bei uns am Tisch und die Frau sagt auf einmal, wissen Sie, dass wir am gleichen Tag geheiratet haben? In der gleichen Kirche und im gleichen Hotel.

Ihr hattet gar nicht geguckt, wer unten heiratet?

Wir waren ja mit unserer Verwandtschaft beschäftigt.

Also habt ihr erst dreißig Jahre später erfahren, wer mit euch geheiratet hat.

Genau. Und das war eine ganz tolle Frau, auch er hat mir imponiert. Aber sie war wohl aus der Stadt und im Vergleich zu ihr war er ein Landbollen. Dann habe ich gedacht, das ist auch eine seltsame Konstellation. Nun ja, bei uns war es ja auch so. Für mich war Metzingen Stadt und ich komme aus der finsteren Provinz – ländlicher geht es ja schon nicht mehr. Für mich ist es immer noch ein Wunder, wie das zustande gekommen ist.

Was fand der Frieder eigentlich so toll an dir?

Dem Frieder hat das Bayrisch gefallen. Auch die Landwirtschaft hat ihm imponiert. Sein Beruf war ja Kaufmann und er wollte gerne etwas Handfestes machen, er wollte einen greifbaren Erfolg sehen. Deshalb hat ihm das bei uns so gefallen, da konnte er sich austoben. Es hat ihm gefallen, einen Acker zu bestellen, den Stall zu machen, mit Tieren umzugehen, die vielfältigen Aufgaben, der Bezug zur Natur. Das hatte er ja alles nicht von Haus aus – seine Eltern hatten ein Gärtle mit Obstbäumen und das wars.

Hast du ihm gleich bei eurer ersten Begegnung von der Landwirtschaft erzählt?

Ja, ich habe ihm das gleich erzählt, um ihm klarzumachen, dass das keine Zukunft hätte und dass das ja ein enormes Gefälle sei und er da wahrscheinlich gar nicht reinpassen würde. Dann hat er gemeint, er würde das gerne mal sehen. Hat dann ja auch geklappt. Und es hat geklappt bis zum letzten Tag, also kann es ja nicht so verkehrt gewesen sein.

Krämerladen

In der ayurvedischen Küche werden die Süßspeisen ja zuerst gegessen und nicht erst als Dessert, wie bei uns. Und als Getränk reicht man im Vorfeld dieses Lassi aus Joghurt, das schmeckt wundervoll. Und man isst oft mehrere Gemüsezubereitungen gleichzeitig

Verschiedene Geschmacksrichtungen immer in Kombination, oder?

Genau. Süße oder scharfe Chutneys, dann auch bittere Gerichte als Resonanz zum anderen. Man muss immer einen Ausgleich schaffen, auch wenn viele Menschen Bitteres nicht mögen – Bitterstoffe sind notwendig. Unser Yogalehrer hat uns immer wieder von der ayurvedischen Küche erzählt und dann auch mal einen Kochkurs für uns organisiert. In dem ayurvedischen Kochkurs hat jede Gruppe etwas anderes gekocht, aber am Anfang haben alle dieses Ghee zubereitet, aus dem ja fast alles gekocht wird, was Gemüse angeht. Ghee ist schon tierisch, aber sehr gesund und lange haltbar.

◂79
Ghee (Butterschmalz)

Wie lange hält Ghee?

Eigentlich ein Jahr, wenn es richtig zubereitet wird, also keine Molke mehr drin ist. Und wenn es sachgerecht gelagert wird. Im Keller reicht vollkommen aus, es muss nicht im Kühlschrank stehen. Ich mache mir mindestens einmal im Vierteljahr drei Gläser. Weißt du, was ich toll finde? Wenn man den Mut hat, sich von der herkömmlichen, traditionellen Ernährung auf eine ganz andere Ernährungsweise einzulassen, auf Gerichte und Gewürze aus einem anderen Land. Diese Bücher über die ayurvedische Küche sind für mich ein Schatz. Man braucht solche Bücher, sonst wird man schnell rückfällig. Man scheitert schnell an gewissen Zutaten, die man in unserer Küche gewohnheitsmäßig nicht einfach vorrätig hat. Darum muss man so eine komplett andere Ernährung Schritt für Schritt aufbauen, immer wieder etwas dazukaufen und neue Gerichte ausprobieren.

Dabei helfen mir diese Bücher, sonst hätte ich heute mit Sicherheit nichts mehr in meinem Repertoire, was ich damals in dem Kochkurs gelernt habe. Ohne Literatur scheiterst du, das schafft man nicht, weil das eine ganz andere Welt ist, da kocht man von Grund auf mit anderen Zutaten und Gewürzen.

Nach meiner Japanreise habe ich auch eine Zeit lang anders gekocht, das ist dann aber schnell wieder eingeschlafen.

Eine neue Ernährung ist kraftaufwendig. Ich bin manchmal davorgestanden und habe mich gefragt, warum tu ich mir das überhaupt an? Im Yoga habe ich dann wieder eine neue Sichtweise bekommen, die mich darin bestärkt hat, auf diesem Weg zu bleiben, weil es so gesund sein soll. Es gibt so viele Volkskrankheiten, die ernährungsbedingt sind, unser Körper ist durch die industrialisierten Lebensmittel übersäuert und langfristig wird er dadurch krank. Das kann er dann nicht mehr abpuffern, dann werden Depots angelegt. Der Körper ist so intelligent, sich selbst zu helfen, wenn ihm der Konsument zuviel Schädliches zumutet. Dann sagen die Leute, ich ernähre mich ja gesund – was ist gesund? Bei Weißmehl und weißem Zucker fängt es an.

Gerade jetzt in der Weihnachtszeit wird das lieber ignoriert.

Die Menge macht das Gift. Weil es jetzt so billig ist, essen manche Leute jeden Tag Fleisch – früher war das ein Privileg. In meiner Kindheit gab es nur sonntags Fleisch, unter der Woche Gemüse, viel Kohl und Kartoffeln. Aus Kartoffeln wurde auch Strudelteig zubereitet, gefüllt mit Äpfeln, oder diese *Bubespitzle*, also handgedrehte Schupfnudeln – in Bayern nennt man sie *Hosenknöpf*, da werden sie etwas kleiner geformt. Das können wir auch mal machen, aber das ist sehr aufwendig, das sage ich dir. Die Arbeit macht sich heute fast keiner mehr. Ich mache das ab und zu, weil mit den industriell gefertigten Schupfnudeln hat das nichts zu tun. Früher hat man um neun angefangen zu kochen, wenn man um elf etwas auf dem Tisch haben wollte.

▸ 177 Apfelstrudel

◂ 77 Hosenknöpf (Schupfnudeln)

Wir können ja um zehn anfangen, dann haben wir um

zwölf was auf dem Tisch.

Es ist schon sehr aufwendig. Da hast du nachher soviel Arbeit mit Spülen, dass du es hinterfragst.

Jakob und ich haben uns mal an Gnocchi versucht. Es war unsere erste Verabredung bei mir und eigentlich hatte ich nicht geplant, dass wir den ganzen Abend in meiner Küche verbringen. Aber es ging ewig, war so eine Sauerei und nachher hatten wir doch nur Kartoffelsuppe – es hat überhaupt nicht funktioniert.

Da darf man sich nicht entmutigen lassen, Übung macht den Meister. Meine Mutter und ich haben das gemacht, stundenlang. Da hatten wir dieses große Nudelbrett – das habe ich auch da, mein Vater hat die selber gemacht. Früher gab es da extra einen Schreiner, der solche Dinge gemacht hat, wie Nudelbretter, Holzschuhe und Schwingen – das ist wie ein Korb, in dem man das Heu transportiert hat. Heute hat man Plastikkörbe und Kunststoffeimer, das gab es damals nicht. Der Eimer war aus Emaille, die Schubkarre war aus Holz, da war lediglich ein Eisenring oder Gummi um das Rad.

So eine Schubkarre war sicherlich viel schwerer, als die heute.

Viel schwerer. Damit hat man auch das Grünfutter heimgebracht. Wenn meine Mutter die Landschaftspflege gemacht hat für die Gemeinde, wenn sie die Wegesränder abmähen durfte, dann musste die Heidi mit der Schubkarre kommen, aufladen und dann hat man es mit einem Strick festgezurrt. So bin ich dann heim. Frag nicht, wie anstrengend das war. Aber es hat wieder für zwei, drei Tage Futter gegeben. Christina, mir ist auf einmal wieder in den Sinn gekommen, wie die Annerl zum Frieder gesagt hat: Weißt du Frieder, wie arm wir waren? Heidi und ich haben mit leeren Bierflaschen gespielt, das waren unsere Puppen. Denen haben wir ein Kopftuch aufgesetzt und einen Schurz umgebunden, aus altem Stoff. So haben wir gespielt – kannst du dir das vorstellen? Da raufen sich mir noch heute die Haare um einen Stehplatz.

Das hast du mir als Kind erzählt, wenn du dich mit mir über

meine Puppe gefreut hast.

Und mit leeren Konservendosen haben wir uns einen Krämerladen eingerichtet. Da wurden dann vorher die Rollen verteilt, wer hinter der Theke stehen darf und wer einkaufen muss. Dann hat man immer abgewechselt: *Gestern host du verkaufa derfa und haid derf i verkaufa.* Mit Ziegelsteinen hatten wir Regale gebaut, eine Theke und im Sortiment gab es schöne Hölzer und Gras, das war dann der Tee. Das war eine ganz kleine Nische hinter der Scheune, weil sobald man uns gesehen hat, wurde die Heidi wieder zum Arbeiten geholt.

Statt zu spielen, musstest du Futter holen.

Damals hatten wir ja noch die kleine Landwirtschaft mit zwei Kühen, da hast du noch nicht so viel Grünfutter gebraucht. Aber nachher als wir dann diese acht Kühe hatten und noch zwei Jungrinder und zwei Schweine, eins für den Eigenbedarf und eins zum Verkauf. Wenn die weg waren, ist man auf den Saumarkt gegangen und hat wieder zwei Junge gekauft.

Durftest du mit auf den Saumarkt?

Einmal hat mich mein Vater mitgenommen. Da mussten wir hinlaufen, nach Regen und da sind dann die Bauern gewesen, mit ihren Ferkeln in so Holzboxen mit Gittern. Da bist du vom Einen zum Anderen, hast geschaut, welches *Schweinderl* dir gefällt, hast nach dem Preis geschaut und dann hat man verhandelt und zwei oder drei gekauft. Mein Vater hatte einen Sack dabei und darin hat man sie dann heimgetragen. So war auch immer der Taubenmarkt. Diese Brieftauben waren bei uns im Bayerischen Wald sehr verbreitet, fast jeder Hof hatte Tauben.

Hat dein Bruder ja heute noch. Ich war immer fasziniert von den vielen Pokalen in seinem Wohnzimmer, die er mit seinen Tauben gewonnen hat.

Ja, später haben sie die Tauben auch bei Wettkämpfen eingesetzt. Vorher nur als Hobby, weil eine Taube zu einem Haus gehört. Das kommt von der Friedenstaube. Da hatte man ein Häusle, in dem die Tauben drin waren. Die älteren Tauben und die, die optisch nicht so schön waren und sich nicht zum Züchten eigneten, wurden geschlachtet. Schmeckt wunderbar dieses dunkle, magere Fleisch.

Wie habt ihr das zubereitet?

Das Täubchen wurde gefüllt und gebraten und dann gab es Gemüse dazu, meistens Blaukraut oder Weißkraut oder Kartoffelsalat. Kartoffelsalat gab es ganz oft.

◂ 37 Blaukraut

Der bayrische Kartoffelsalat ist aber ganz anders als der schwäbische, gell?

Bayrischer Kartoffelsalat ▹

Der bayrische Kartoffelsalat ist weicher und musiger als der schwäbische, und in Bayern sollte er lauwarm sein, einen eiskalten Kartoffelsalat akzeptiert man nur, wenn es nicht anders geht. Ganz einfach wird der zubereitet. Willst du wissen, wie man den macht?

Na klar, immer her mit deinen Rezepten!

Also, die Kartoffeln werden in der Schale gekocht – eine festkochende Sorte. Wir hatten auch immer zwei Sorten, so viel Kultur hatten wir in Bayern schon. Da waren wahrscheinlich die Hausfrauen die Wegbereiterinnen, die gesagt haben, für Kartoffelsalat die rote Kartoffel und für Kartoffelbrei die mehlige. Nach dem Kochen hat man sie abkühlen lassen, bis man sie anfassen konnte, dann hat man sie abgezogen – auf Bayrisch heißt das *obhaideln*, also abhäuten. Dann hat man sie in Scheiben geschnitten und eine Marinade aus Essig, warmem Wasser, Salz und Pfeffer und klein geschnittenen Zwiebeln darüber geschüttet. Das hat man eine Weile stehen gelassen, dann vorsichtig vermischt, sodass man die Kartoffelscheiben schon noch sieht, aber nicht einzeln, wie es im schwäbischen Kartoffelsalat üblich ist. Dann hat man abgeschmeckt, ein bisschen Öl drüber und Schnittlauch. Das war der klassische, bayrische Kartoffelsalat.

Welchen magst du lieber?

Der von der Schwiegermutter, der schwäbische, der war genial. Der hat mir besser geschmeckt als der Bayrische. Aber zu der Zeit kannte ich ja keinen anderen, da war für mich der Bayrische der Beste. Als ich dann in Frieders Familie gekommen bin, hat mir meine Schwiegermutter gezeigt, dass die Kartoffelscheiben so ziemlich ganz und in einzelnen Scheiben bleiben sollten und nicht vermust.

◂129
◃ Schwäbischer Kartoffelsalat

Wie schafft man das?

Zum einen muss es eine spezielle Salatkartoffel sein. Schwäbinnen wissen das. Die Sieglinde steht an erster Stelle oder die Selma, das sind die beiden bekanntesten Sorten für Kartoffelsalat. Die sind festkochend, kann man schön in Scheiben schneiden und wenn man sie nicht gerade unsachgemäß mit dem Salatbesteck traktiert, bleiben die Scheiben auch schön einzeln sichtbar. Und dann hat meine Schwiegermutter großen Wert darauf gelegt, dass sie wirklich nur noch handwarm sein durften. Wenn sie nämlich heißer waren, wurden sie musig. In Bayern hat man sie eben heißer geschnitten, damit sie musig wurden. Meine Schwiegermutter hat gesagt, nur Körpertemperatur. Dann Salz drüber streuen, bissle Essig – bei den Schwaben sollte es immer der *Kressi-Essig* sein – und heiße, selbstgekochte Rinderbrühe. Das hat meine Schwiegermutter nur so gemacht – nie mit Wasser oder Gemüsebrühe. Und dann hat sie ihn zugedeckt stehen gelassen. Klein geschnittene Zwiebeln hat man natürlich schon beim Hobeln dazwischen reingelegt. Dann hat man ihn mindestens eine Stunde ziehen lassen, das war so das Minimum. Erst wenn der Kartoffelsalat fertig war, hat man sich ans Fleisch gemacht. Und wenn er durchgezogen war, hat man ihn abgeschmeckt und vielleicht noch nachgewürzt und ein wenig warme Brühe dazugegeben. Und dann das Öl dazu – das darf auch nicht aus dem Kühlschrank sein, sonst setzt es sich ab, dann gibt es keine homogene Masse. Der Kartoffelsalat war gigantisch!

◂29
Rinderbrühe

Wer stellt denn das Öl in den Kühlschrank?

Viele machen das, damit es nicht so schnell verdirbt. Auch das Rapsöl, das nehme ich ja nur zum Braten. Hast du ja gemerkt, wie gut sich das zum Braten eignet.

◂79 Ghee (Butterschmalz)

Bei diesem Fleisch wäre es schade um das Ghee, das musst du ja dann fast ein wenig verbrennen lassen, dass es überhaupt eine braune Kruste bekommt, da eignet sich das Rapsöl besser, das ist hoch erhitzbar. Wenn ich jetzt Schweinefilet in Scheiben leicht anbrate, da kann man Ghee super nehmen. Auch Bratkartoffeln brauchen nicht so hoch erhitzt werden, die Kruste kriegt man auch, wenn man sie lange genug drin lässt und dann immer ein wenig schüttelt. Ich habe noch ein Glas Ghee für dich.

Super, das nehme ich gerne mit!

Mutterschutz

Nach der Hochzeit habt ihr ja zuerst in Metzingen gewohnt. Wo hast du da gearbeitet?

Da habe ich in einer Fabrik gearbeitet, die Babywäsche hergestellt hat. Da war ich, bis der Harald zur Welt gekommen ist. Der ist im April geboren und ich habe bis März dort gearbeitet, bis zum Mutterschutz. Da hatten wir eine Betriebswohnung der Firma Schreyer in Metzingen, in der Olgastraße. Im Oktober sind wir dann schon nach Fridingen gezogen, weil das mitten in Frieders Reisegebiet lag.

Das hat er mit dem Zirkel ausgemessen, gell?

Genau, einfach in die beiden äußersten Reiseziele eingestochen und in der Mitte lag eigentlich Mühlheim – dort gab es aber keine freie Wohnung, darum sind wir eine Ortschaft weiter, nach Fridingen.

Wie ging es dir mit dem Umzug nach Fridingen?

Ich wäre gerne in Metzingen geblieben, aber mir gefiel nicht, dass ich die ganze Woche alleine war und in Metzingen niemanden gekannt habe, außer meinen Schwiegereltern. Die waren für mich damals schon sehr alte Leute, zudem wohnten sie in einem Stadtrandgebiet, das doch relativ weit weg war für mich mit dem Kinderwagen. Da war ich zu Fuß eine halbe Stunde unterwegs, das machst du auch nicht jeden Tag. Am Wochenende, wenn der Frieder da war, sind wir zum Kaffeetrinken zu seinen Eltern gegangen, oder wir haben sie zu uns eingeladen.

Wie war eure Beziehung nach der Hochzeit?

Die war super! Da war ich happy, mit diesem Mann. Es war nur schade, dass er die ganze Woche unterwegs war – sechs Tage die Woche, denn Samstags hatten sie immer noch Vertreterkonferenz von neun bis elf, um die kommende Woche zu besprechen und danach sind sie noch zum Frühschoppen. Dann kam er samstags um eins heim. Samstagnachmittags waren wir entweder bei seinen Eltern oder sind mit Ruth und Kurt spazieren gegangen. Die haben ja noch im Haus von Frieders Eltern gewohnt.

Hatten Ruth und Kurt schon Kinder?

Ein Jahr nach dem Harald kam der Uwe zur Welt. Harald, Uwe, Stephan und Jürgen sind alle vier ein Jahr auseinander.

Dann kam noch der Sonntag und dann war der Frieder wieder unterwegs. War das dann besser in Fridingen?

Da kam er jeden Abend heim, das war der Grund für den Umzug. Ich war in Metzingen so fremd wie in Fridingen.

Aber mit dem Frieder ging es doch bestimmt schnell, hier Leute kennenzulernen.

Ja. Wir sind beide in den Sportverein eingetreten, er ist zum Fußball und ich zur Frauengymnastik, da waren wir in derselben Sporthalle, die war abgeteilt.

Wo habt ihr am Anfang gewohnt?

Zuerst haben wir im Öschweg gewohnt, sechseinhalb Jahre, bis der Vermieter Eigenbedarf angemeldet hat. Dann mussten wir uns eine Wohnung suchen und sind in die Schillerstraße gezogen. Es war schön im Öschweg, aber wir waren das erste Haus in dem Neubaugebiet – da war weit und breit nur Landschaft, Natur pur, Bauplätze. Früher waren es Äcker. Die ersten Jahre gefiel es mir in Fridingen nicht, es war ein Dorf, reizlos für mich, die ich doch schon vom Dorf kam.

Aber die Landschaft hier hat dir doch bestimmt gefallen!

Die hat mir gefallen, weil sie ähnlich ist wie die im Bayerischen Wald. Deshalb habe ich auch nie Heimweh bekommen. Hier gibt es mehr Buchen und Mischwald, bei uns waren es mehr Fichten und Tannen. Das Donautal als solches, mit seinen Felsen und Wanderwegen, hat mich fasziniert.

Mir gefiel es hier besser als im Bayerischen Wald, dort ist es sehr hügelig und es herrscht ein raues Klima.

Und bald hattest du dich in Fridingen eingelebt.

Ja, als ich dann Kontakt bekam durch den Verein, sah es anders aus. Wir haben auch mit dem Sportverein Wanderungen und Ausflüge gemacht. Dann haben wir Leute kennengelernt, mit denen wir zwanzig Jahre zum Kegeln gegangen sind, im Bären. Da haben wir auch einige Freundschaften geknüpft, haben Geburtstage zusammen gefeiert, haben Kegelausflüge gemacht und sind gemeinsam in den Urlaub gefahren.

Wann habt ihr mit dem Campen angefangen?

Vielleicht 1975? Da sind wir zunächst mit einem Hauszelt nach Ludwigshafen, da haben wir getestet, wie das geht, die ersten zwei, drei Jahre. Das war immer schön dort. 1977 sind wir zum ersten Mal nach Kroatien und von da an viele Jahre hintereinander. Später sind wir nur noch nach Istrien, weil es uns da so gut gefallen hat, die Felsenküste. Da waren auch mal Freunde dabei, die haben sich dann von uns das alte Zelt geliehen, wir hatten damals schon einen kleinen Wohnwagen.

Und wann hast du wieder angefangen zu arbeiten?

Zuerst habe ich draußen bei Lawton gearbeitet, Medizintechnik – da habe ich angefangen und gearbeitet, solange der Stephan im Kindergarten war – von acht bis elf und von eins bis vier. Ich habe mir immerhin meine kleine Rente selber verdient. Und das, obwohl ich von keiner Seite Hilfe hatte mit den Kindern – keine Oma, keine Tante, keine Schwester, niemanden. Das waren bittere Jahre, das kann ich dir sagen. Da habe ich oft geweint, weil ich überfordert war, einfach überfordert. Ja überleg dir doch mal: Du gehst sechs Stunden arbeiten am Tag, hast eine vierköpfige Familie, hast ein Haus zum Sauberhalten, hast ein Grundstück und keine Unterstützung von keiner Seite. Die Kinder hatten keine Anlaufstelle. Christina, das muss mir erst mal jemand nachmachen. Und das mit meiner

Schulbildung, mit der mir immer nur die niedrigsten Arbeiten blieben.

Aber der Frieder hat dich schon unterstützt.

Ja klar, der hat freitags immer eingekauft. Er hatte ja seine Märkte, in die er beruflich als Vertreter hinkam. In der Früh hat er den Einkaufszettel mitgenommen und alles eingekauft.

Und emotionaler Rückhalt war auch da.

Natürlich. Mit dem Frieder konnte man so was bewältigen. Als wir dann hierher in die Gerberstraße gezogen sind, habe ich da vorne bei der Firma Rees gefragt, auch ein kleiner medizintechnischer Betrieb. Im Januar sind wir eingezogen und im April durfte ich dort anfangen. Dort habe ich jeden Tag von sieben bis zwölf gearbeitet. Wenn Not am Mann war, wenn jemand ausgefallen ist, bin ich auch am Nachmittag eingesprungen. Manchmal hat man mir sogar noch Heimarbeit mitgegeben: Scheren den Nummern nach zusammensuchen und zusammenschrauben. In einem medizintechnischen Betrieb musst du Verschiedenes machen: Scheren fräsen, schleifen, bohren, zusammenschrauben, mit einem Stempel versehen, mit einem hautidentischen Material den Schnitt prüfen und wenn die Schere zwickt oder stumpf ist oder Flecken hat, musst du sie mit einem Vermerk zurück in die Produktion geben, damit sie das ausbessern. Dann mit einem Spezialtuch putzen, einen Tropfen Öl ins Gewinde, in Cellophantüten vakuumieren, zu zwölf Stück verpacken und versandfertig machen. Jahrelang habe ich auch elektropoliert, ohne Dampfabzug – das ist hochschädlich, aber das wusste man damals noch nicht, also gab es auch noch keine Auflagen. Überwiegend haben wir dort Herzscheren und Augenscheren gemacht – die hatten so einen Hartmetall-Einsatz, mit dem man dickere Sachen schneiden konnte. Der Landkreis Tuttlingen ist ja die Hochburg der Medizintechnik: Aesculap, Storz Endoskopie, Berchtold Operationsleuchten – das ganze Sortiment.

Und war die Arbeit okay?

Ja, ich

fand es gut. Ich war die einzige Frau, die angemeldet war, weil ich immer meine Rente einbezahlen wollte. Die drei anderen Frauen waren Stundenfrauen, die haben keine Rente einbezahlt. Die hätten mich gerne den ganzen Tag beschäftigt, aber das war mir zuviel mit meinen zwei Kindern. Später wurde der Betrieb dann verkauft an den Oswald Leibinger in Stetten. Da wurden wir übernommen und hatten dann ein Firmenbussle von Fridingen aus, aber nach zwei Jahren wurde unsere Abteilung ganz aufgelöst. Bis zu dem Zeitpunkt war ich siebzehn Jahre bei dieser Firma, also sechsundvierzig Jahre alt und habe eine kleine Abfindung bekommen. Als ich wusste, dass ich eine neue Stelle brauche, habe ich das meinem Nachbarn erzählt. Dann fragt er, ja willst du noch arbeiten? Ja schon, ich würde gerne noch ein paar Jahre arbeiten, allein schon wegen der Rente – ich musste ja eine gewisse Zeit voll haben. Dann sagt er zu mir, weißt was, bei uns ist eine in den Mutterschutz gegangen, die Stelle könntest du übernehmen. Soll ich für dich fragen? Ja gern, wenn du meinst, dass ich das kann? Einfach ist es nicht, hat er gesagt, du musst viel lernen, aber wenn es andere lernen, wirst du es auch lernen. Also hat er gefragt. Am nächsten Tag hat er gesagt, ich darf mich vorstellen, und ich wurde sofort genommen. Ich war keinen Tag daheim! Ich habe beim Oswald Leibinger aufgehört und zweihundert Meter weiter unten beim Paul Leibinger wieder angefangen, Nummerierwerke.

Und, war es schwierig?

Ja, es war sehr schwer. Es war so schwer, Christina. Wahnsinn. Ich habe mich durchgebissen, dank meiner Arbeitskollegin Maria. Der Frau habe ich das zu verdanken. Die hatte eine Eselsgeduld mit mir. Ich war so oft am Verzweifeln und habe gedacht, ich bin die Dümmste. Ja Heidi, hast du so ein Spatzenhirn, dass du dir das nicht merken kannst? Das waren so viele Teile, die ich zusammensuchen musste – Arbeitsvorbereitung nennt man das. Heute hat man alles im Computer drin, kann es da abrufen. Da kann ich genau nachschauen, wie viele Teile ich am Lager habe und ob ich den Liefertermin einhalten kann. Wenn die Teile da sind, ja. Wenn nicht, muss ich die Teile erst in der Produktion in Auftrag geben.

Was für Teile?

Das sind alles Teile für Nummerierwerke, die unsere Geldscheine, Wertpapiere, Theaterkarten drucken – alles mit Strichcode. Heidelberger Druckmaschinen, da haben wir dazugehört, das war eine völlig neue Materie für mich. Du musstest so viel wissen und wenn dir ein Fehler passiert ist, war das fatal.

War es interessant für dich?

Hochinteressant! Aber die ersten Wochen und Monate war ich verzweifelt über meine Unfähigkeit, das im Kopf zu behalten. Maria hat mich immer wieder so bestärkt und gesagt: Heidi, du schaffst das. Ich habe auch nicht mehr Schulbildung als du und ich habe es gelernt, alle nach mir haben es gelernt, du wirst es auch lernen. Und sie hat alle meine Fehler ausgebessert, wortlos. Sie hat es nie offenbart, wenn mir ein grober Fehler unterlaufen ist. Hat sie alles für mich ausgebügelt. Ich habe immer gesagt, die Frau hat mir der Himmel geschickt.

Wie lange hast du das gemacht?

Fünfzehn Jahre, bis ich mit sechzig aufgehört habe. Die letzten zehn Jahre war ich noch im neuen Betrieb in Tuttlingen. In Stetten habe ich zwei volle und drei halbe Tage gearbeitet und als der Betrieb dann nach Tuttlingen umgezogen ist, durften wir unsere Arbeitszeit neu strukturieren, dann habe ich mich entschieden, nur noch fünf Stunden am Tag zu arbeiten. Das war super!

Ich weiß noch, dass du immer viel früher aus dem Haus musstest als Opa. Du hast ihm das Frühstück stehen gelassen und wenn er die Haustür gehört hat, ist er gemütlich aufgestanden.

Stimmt.

Katzenfänger

Was haben deine Söhne früher am liebsten gegessen?

Harald und Stephan waren beide unkompliziert, was Ernährung anging. Harald hat zwar ungern Salat gegessen, Essig war ihm zuwider, aber insgesamt waren sie sehr pflegeleicht.

Papa hat erzählt, wenn er gesagt hat, Mama, ich will eine Party machen, dann bist du in die Vollen gegangen.

Das macht doch jede Mama.

Er fand das immer klasse, dann gab es Fleischküchle.

▶ 183 Fleischpflanzerl (Fleischküchle)

Ja, auf diesem Nudelbrett haben wir dann ein kleines Buffet gemacht. Stangenbrot, belegt mit verschiedenen Wurst- und Schinkensorten, Käse und Kartoffelsalat mit *Fleischpflanzerl*. Das haben wir unten im Treppenhaus deponiert, auf der alten Kommode und die Gäste haben sich dort bedient. Da war dann immer im Treppenhaus Geschnatter und Gekicher.

Hat er oft gefeiert?

Immer zum Geburtstag, aber auch so hat er gerne Freunde eingeladen. Ich musste nur wissen, wie viele Leute etwa kommen, dementsprechend viele *Fleischpflanzerl* musste ich vorbereiten.

Wie machst du die?

Hackfleisch, altbackene Brötchen oder Semmelbrösel, Eier, Zwiebeln – ich nehme gedämpfte Zwiebeln, man kann sie aber auch roh reintun, das ist Geschmacksache. Würzen mit Petersilie, Salz, Pfeffer und wir in Bayern mit viel Majoran – das ist ganz wichtig, das ist bezeichnend für die bayrischen *Fleischpflanzerl*. Und bei uns macht man sie auch kleiner. Im Schwäbischen macht man die Fleischküchle ja so groß, die Kleinen kann man besser aus der Hand essen. Da habe ich Weckle dazugelegt, dann konnten

◁ Fleischpflanzerl

sie das *Fleischpflanzerl* reinlegen und so essen.

Hamburger.

Ja, es passt auch sehr gut Mayonnaise und Ketchup drauf und rohe Zwiebelringe. Und dann gab es diese Käsespieße mit Käsewürfeln, Weintrauben und Melone.

Käsespieße ▷

Papa erzählt gerne, dass Stephan während seiner Maurerlehre Unmengen an Vesperbroten vertilgt hat und auch bei den Mahlzeiten immer gut reingehauen hat.

Auf dem Bau musste er ja schwer arbeiten und konnte dann natürlich schon gut essen. In der Früh: Mama, darfst mir ruhig die Dose vollmachen. Er ist ja nicht immer zum Mittagessen heimgekommen. Dann habe ich ihm so eine Dose mit zwei, drei Doppelbroten mitgegeben und was ich eben noch so hatte – Tomaten, Karotten, Kohlrabi-Stückle. Früher war das noch nicht so mit Paprika, die gab es noch gar nicht bei uns, das kam alles aus Holland und die hat man damals nicht in diesen Mengen gekauft wie heute. Er war immer froh drüber und hat es gerne gegessen.

Als Kind wollte Stephan ja Bauer werden.

Ja, der kleine Hof vom Werner hat ihn fasziniert. Einmal hat der Werner die Rinder auf die Weide getrieben – Frieder war natürlich auch dabei und Stephan durfte das kleine Kalb führen. Die kleinen Tiere sind ungestüm und springen herum, würden vielleicht auch in ein Loch springen und sich die Haxen brechen. Die bekommen dann Zaumzeug und Werner hat dem Stephan gezeigt, wie er es halten muss und gesagt, aber Stephan, *du deafst es ned auslossn, gell*, das haut ab. Stephan hat das Kalb krampfhaft gehalten bis sie auf der Weide waren. Der Zaun war noch nicht zu, jetzt wollte dieses Kalb den anderen Kühen hinterherrennen, wahrscheinlich der Mutterkuh folgen, und hat natürlich gezogen wie verrückt. Der Stephan lag schon auf dem Boden, hat aber nicht losgelassen. Der Werner immer: Stephan, *hoids fest, hoids joa fest! Loss ned aus! Deafst ned auslossn!* Das Kalb hat den Stephan mitgezogen, durch das Gras und den Kuhmist, und der

Werner lag auf dem Boden vor Lachen, hat sich gekringelt. Du wirst mal ein richtiger Bauer, Stephan! Ja, so muss man sein, so viel Kraft muss man haben, *doss ma a Kaibe hoaltn konn.* Das hat den Stephan natürlich beflügelt, dass sein Onkel mit ihm zufrieden war.

Also deinen Kindern hat es immer gut gefallen im Bayerischen Wald.

Die haben nichts vermisst, da war alles da. Wir waren jeden Sommer drei Wochen dort. Ich glaube bis anno 77 oder 76, so genau weiß ich es nicht mehr. Dann haben wir uns ein Zelt gekauft, weil wir gesagt haben, wir wollen auch mal ans Meer. Die Kinder konnten mittlerweile schwimmen, die haben einen Schwimmschein gemacht, im Mühlheimer Hallenbad.

Wann hast du denn schwimmen gelernt?

Ich war dreißig. Meine zwei konnten schon schwimmen, jetzt wollten wir an den Comer See gehen, wo man schön schwimmen kann. Der Bodensee war damals eigentlich kein Thema, der war als Ferienregion noch gar nicht so erschlossen für den Tourismus, auch nicht so zugänglich zum Baden. Mit Kegelfreunden von uns haben wir ausgemacht, wir kaufen uns ein Zelt – zufällig haben beide unabhängig voneinander das Gleiche gekauft – dann sind wir zum Comer See. Vorher habe ich noch schwimmen gelernt.

Auch im Mühlheimer Hallenbad?

Ja, da war ein Kurs ausgeschrieben, Frauenschwimmen am Donnerstagnachmittag. Damals habe ich halbtags gearbeitet und dann konnte ich ja rüberfahren, mit dem Bus. Ich hatte ja kein Auto und der Frieder war mit seinem Auto tagsüber unterwegs. Also mit dem Bus und da habe ich schwimmen gelernt. Oh, ich war so stolz, als ich dann tatsächlich schwimmen konnte – zumindest so, dass ich mich in einen See getraut habe.

Und deine Jungs haben dich angefeuert.

Ja, die waren diejenigen, die mich so motiviert haben. Mama, du bist schon so alt und kannst immer noch nicht schwimmen und wir sind noch so klein und können schon schwimmen. Du kannst es doch auch noch lernen. Da gab es damals das Frauenschwimmen, das war ganz modern, mit so einer Schaumstoffnudel, an der man sich festhalten konnte und die ein bisschen Sicherheit vermittelt hat. Dann sind wir an den Comer See und da waren meine Eltern und der Werner und die Vroni so traurig, dass wir im Sommer nicht mehr zu ihnen kamen.

Und die Kinder?

Die waren begeistert. Haben ja in der Schule mitbekommen, dass die anderen auch an einen See oder sogar ans Meer gefahren sind, mit den Eltern oder mit den Großeltern. Klar, dass die dann auch Feuer und Flamme waren, mal ins Ausland nach Italien zu fahren! Meine Eltern haben da eine Zeit lang gebraucht, das hat mich mein Vater auch spüren lassen. Die ganze Zeit waren sie gut genug und jetzt wo die Kinder größer sind, kommen wir nicht mehr. Wenn wir bei ihnen waren, hat der Frieder die ganze Zeit gearbeitet, auf der Landwirtschaft, auf der Baustelle – auf dem Hof war ja immer irgendwas zu reparieren, die ganze Hofeinfahrt musste gepflastert werden und und und. Die haben immer schon alles vorbereitet gehabt. Wenn der Frieder kam, hat der Werner Urlaub genommen und dann haben sie gemacht, was eben gerade anstand.

Dein Vater und der Werner waren ja unter der Woche immer in München auf der Großbaustelle.

Ja, genau, ich glaube ab 1968.

Und sie hatten immer Proviant für die ganze Woche dabei.

So ne lange Salami hat jeder mitgenommen, für die ganze Woche zum Vesper. Mittagessen wurde auf die Baustelle gebracht, das konnten sie, glaube ich, bestellen, wenn sie was Warmes wollten. Aber da mein Vater so sparsam war und weil er halt viel geraucht hat, hat er lieber auf das warme Mittagessen verzichtet, damit er sich wieder eine Schachtel Zigaretten kaufen konnte. Er hat dann die ganze Woche von seinem Proviant gegessen – eingemachtes Fleisch im Glas, Dosenwurst, Brot sowieso. Und im Bauwagen konnten sie sich auch Essen warmmachen. Ravioli aus der Dose und Hühnersuppe und so Sachen haben sie auch mitgenommen. Gewohnt haben sie im Container, die waren später dann komfortabel ausgestattet. Ein Aufenthaltscontainer und ein Schlafcontainer.

◂ 87 Bauernbrot mit Sauerteig

Wahnsinn, die ganze Woche auf dem Bau und am Wochenende dann auch noch Arbeit auf dem Bauernhof.

Ganz genau. Manchmal war es so, dass der Werner und der Vater keinen Urlaub bekommen haben, oder dass sie gesagt haben, wir bleiben jetzt auf der Baustelle und der Frieder managt das schon daheim. Dann hat man ihn am Sonntag eingewiesen, was er die Woche über zu tun hat, mit uns zusammen, meiner Mutter und mir. Das Gras wurde noch gemäht, bevor sie wieder nach München sind, und wir mussten es dann unter der Woche heuen und heimbringen.

Und die Kinder?

Die waren überall. Die Landwirtschaft hatte es ihnen schon angetan, da waren halt auch Tiere da. Wenn es nichts mit dem Traktor zu tun gab, ist man den Tieren nachgelaufen, den Hühnern, Küken, Enten, Gänsen und Hasen. Und der Werner hatte dann auch noch ein paar Schäfle und Ziegen im Obstgarten.

Und Tauben.

Oh ja, jede Menge Tauben, hunderte. Manchmal gab es das ja auch zum Mittagessen und die waren so gut. Stephan hatte da am Anfang ein wenig Vorbehalt, weil er die Tiere zu sehr mochte. Manchmal hat ihm mein Vater eine junge Taube in die Hand gegeben, zum Streicheln. Wenn die dann auf den Tisch kam, war er nicht so begeistert. Mein Vater hat aber nur die geschlachtet, die nicht für den Wettbewerb eingesetzt werden konnten, die zu schwach waren.

Oder nicht so hübsch.

Genau. Und die hat er dann so lange gefüttert, bis sie Fleisch hatten. Die hat man erstmal gerupft, innen ausgenommen – das waren ja kleine Innereien, so ein junges Täubchen, gerade so groß wie eine Hand. Und dann hat man es innen gewürzt und mit Knödelmasse gefüllt. Da kam auch die Leber und das Herz rein, kleingehackt und mit etwas Zwiebel angemacht. Dann gab es Salat dazu, Kartoffelsalat und grüner, was man eben im Garten hatte. Hasenfleisch gab es auch öfters und da hat der Stephan auch Probleme gehabt, er hat die Häsle immer gefüttert – unten im Obstgarten war ein großer Hasenstall.

◂ 91 Salatsoße

Ihr hattet in Fridingen auch Hasen, oder?

Ja, da hinten im Garten. Haben sie vom Bayerischen Wald ein junges Häsle mitgenommen, in einer Schachtel im Auto. Irgendwann haben sie ein zweites mitgebracht, dass der eine nicht so alleine ist – Max und Moritz. Der eine war dann doch eine Häsin, denn die haben sich gepaart und es gab Junge. Am Anfang waren die Kinder total glücklich mit den Hasen, weil die so schön flauschig waren und man sie streicheln konnte. Ist ja schon süß, wenn die so mampfen. Um uns herum war ja nichts bebaut, das war alles freies Wiesengelände, wir waren das erste Haus in dem Neubaugebiet hier. Dann waren sie auf der Wiese unterwegs und haben Hasenfutter geholt. Und wenn dann mal zehn Junge da sind und zwei Alte, dann musst du zweimal am Tag pflücken.

Und ständig ausmisten.

Solange es neu war, haben sie das leidenschaftlich gerne gemacht, da waren sie voll dabei und standen auch dahinter. Der Frieder hatte ihnen gesagt, mit allen Konsequenzen, dann baue ich euch den Hasenstall – heute kauft man halt so einen Käfig.

Unseren Hasenstall hat auch der Opa Frieder gebaut. Da war es so ähnlich: Julia wollte unbedingt Hasen und wer musste sie nachher füttern und ausmisten? Die große Schwester.

Dann kennst du das. Irgendwann hat es die Kinder nicht mehr interessiert, dann haben wir die Hasen abgeschafft.

Dann hattet ihr auch noch

eine Katze.

Das Morle. Stephan hat mal ein kleines Kätzchen heimgebracht. Die Mutter von einem Schulfreund hat zu ihm gesagt, er kriege es geschenkt. Der Frieder war überhaupt nicht dafür zu haben. Sagt er, wir sind ja wochenlang fort mit dem Zelt, wer soll sich um das Kätzle kümmern? Ja, der Stephan hat das alles geregelt: Die Eltern des Schulfreunds haben sich bereit erklärt, das Kätzle zu pflegen, wenn wir weg sind. Das haben sie dann auch mehrmals gemacht. Ursprünglich hieß es, das sei ein Kater, der Moritz. Das haben sie dem Stephan hoch und heilig versprechen müssen, weil ein Kater ja keine Jungen kriegt. Nur dann war der Frieder einverstanden – zähneknirschend natürlich. Einmal als ich von der Arbeit heimkam, sagt das Nachbarsmädle zu mir, Frau Schmid, ihre Katze ist heut schon gedeckt worden. Sag ich, was, das ist doch ein Kater! Sagt sie, nein, sie hat zugeschaut, da ist ein Kater aus der Nachbarschaft draufgehockt. Sag ich, der Moritz ist erst sieben Monate alt. Wir haben erst einmal abgewartet. Der Moritz wurde tatsächlich rund. Dann sind wir zum Tierarzt und tatsächlich – da hatten wir die Bescherung.

Noch mehr Katzen.

Dann hatten wir die ersten vier Jungen, die haben wir zum Glück verschenkt gekriegt. Wir mussten sie behalten, solange sie bei der Mutter trinken. Der Stephan hat von seinem Vater den Auftrag gehabt, die Kätzle in gute Hände zu geben, und hat es dann auch geschafft. Naja, und irgendwann war er halt wieder trächtig, der Moritz – und dann war es halt das Morle. Dann haben wir den Vater von Stephans Schulfreund gefragt, ob er einen Abnehmer wüsste. Er hat sich verpflichtet gefühlt, weil sie dem Stephan statt einem Kater ein Kätzchen gegeben haben und hat dann mehr oder weniger den Geburtshelfer gemacht.

Muss man einer Katze bei der Geburt helfen?

Nein, muss man nicht. Aber sie braucht eine Schachtel oder einen Korb, wohin sie sich zurückziehen kann, wenn sie zur Welt kommen. Ich habe einen Wäschekorb geopfert, da war ein Stoffbezug drin, der war schon ausgemustert und lag noch auf dem Dachboden. Das war dann das ideale Quartier zum Junge kriegen. Und der Vater von Stephans Schulfreund ist dann am nächsten Morgen gekommen und hat gesehen, dass da vier Junge drin sind. Er hat sie dann verschenkt, vielleicht – ich will es gar nicht wissen, was er mit ihnen gemacht hat. Offiziell verschenkt.

Und das Morle ist bei euch geblieben?

Ja, und wir haben sie sterilisieren lassen. Und der Frieder, der so gegen die Katze war – wie musste ich für die Kinder kämpfen, dass der Frieder die akzeptiert hat! Die letzten Jahre war er derjenige, der sich rührend um das Morle gekümmert hat. Wenn der Frieder auf dem Sofa saß, zum Fernsehen oder zum Rätseln oder was auch immer er gemacht hat, dann hat sie sich immer auf seine Füße gelegt und das war so herrlich warm. Dann hat sie geschnurrt und das hat ihm gefallen. Oder sie hat mit ihm gespielt, ist in seinen Pantoffel reingeschlüpft und hat dann so rausgespickt, als wollte sie sagen, such mich doch. Das Morle war nachher sein Ein und Alles.

Wie ging es dir mit der Katze?

Wir mochten sie alle, sie war angenehm und auch eine saubere Katze. Tagsüber war sie im Haus, im Treppenhaus unten, wir haben aber die Tür offengelassen, dann hat sie sich aufs Sofa gelegt. Die anderen Türen mussten wir immer zumachen, sonst hätte sie sich auch ins Bett gelegt.

Hatten Harald und Stephan schon ihre Allergien?

Es war schon der Verdacht da, dass Katzenhaare für sie nicht gut sind. Und der Stephan hat sie dann auch nicht mehr angefasst, als er gemerkt hat, dass ihm das immer Jucken verursacht. Ich habe sie in der Früh, wenn ich zur Arbeit bin, rausgelassen und wenn der Frieder zwischen acht und neun gegangen ist, saß sie schon wieder auf dem Schuhabstreifer. Draußen hatte sie schon ihr Frühstück gefangen, Mäuse oder Vögel, und die hat sie uns als Trophäe

gezeigt, da hat sie Wert drauf gelegt. Sie hat so lange miaut, bis wir runter sind und sie uns ihren Fang zeigen konnte, erst dann hat sie ihre Maus gefressen. Sie hat erst mit ihr gespielt, bevor sie sie gefressen hat, manchmal lang.

Gemein.

Dann hat sie die Maus gefressen und bei den Vögeln hat sie die Galle liegen gelassen. Also wir hatten die Katze lang und der Frieder hat sie sehr gemocht und verwöhnt. Und eines Morgens hat der Frieder sie gerufen, bevor er gegangen ist. Normalerweise saß sie immer auf dem Schuhabstreifer und eines Morgens nicht mehr. Der Frieder ist an diesem Morgen das ganze Viertel abgelaufen und auch nachher mit dem Auto noch rumgefahren und hat gedacht, die muss ja irgendwo sein. Vielleicht hat man sie eingesperrt, dann kommt sie irgendwann wieder. Sie ist nie mehr gekommen. Wir haben uns kundig gemacht, dann hieß es, allein aus unserem Wohngebiet seien sieben oder acht Katzen verschwunden. Dann kam sogar ein Artikel in der Zeitung, dass so viele Katzen als vermisst gemeldet werden und sie vermuten, dass da so Katzenfänger unterwegs sind, die das Fell wollen, oder was auch immer.

Ach!

Frieder ist jeden Abend auf die Suche gegangen und hat sie gerufen und gepfiffen und alles. Also war das auch beendet. Es war auch gut so, weil wenn wir in den Urlaub gefahren sind, war es halt immer ein Drama.

Dauercamper

Schön, so ein Leben erzählt zu bekommen!

Siebzig Jahre sind eine lange Zeit. Nebenher habe ich ja noch viele Jahre Kurse gegeben in Bauernmalerei, von 1982 bis 1992.

Wo hast du das gelernt?

In der Volkshochschule.

Dann hat es dir so viel Spaß gemacht, dass du irgendwann selber Kurse gegeben hast?

Ja, zusammen mit einer Freundin, auch über die Volkshochschule. Das war damals, als die Leute ihre Speicher entrümpelt haben. Da kamen uralte Schränke zum Vorschein, die hat man abgelaugt und mit diesen Blumenmotiven bemalt.

Mama wollte das doch auch von dir lernen, oder wie war das?

Sabine wollte jetzt nicht die Bauernmalerei als solche lernen, sondern einfach diese Materie kennenlernen. Das Thema kam zum ersten Mal auf, als wohl Sabines Geburtstag anstand. Da kam der Harald und hat gesagt, er würde ihr gerne etwas schenken, etwas Selbstgemachtes – sie hatte wohl damals schon ein Faible für kunsthandwerkliche Sachen. Dann habe ich ihm eine runde Dose bemalt, mit Sabines Initialen, S L. Und da wusste ich, dass das doch ein Mädchen ist, das ihm was bedeutet.

Papa hat sich gefreut, wenn sie ins Haus kam.

Eigentlich schade, dass wir so wenig mitbekommen haben. Aber das lag an uns, weil wir immer am Bodensee waren. Wir waren Dauercamper in der Zeit und wenig daheim am Wochenende. Harald und Stephan sind dann alleine geblieben. In dieser Zeit hat sich die Freundschaft zu deiner Mama entwickelt. Da konnten sie auch ihre Freundschaft leben, weil hier immer sturmfreie Bude war.

Christina, Harald, Sabine und Julia

⊠ 179 180 193 194 Aprikosenkonfekt

100 g getr. Aprikosen	in Streifen schneiden,
½ Tafel Vollmilchschokolade	hacken und in eine Schüssel geben.
80 g Mandelstifte	
1 EL Orangensaft	und
1 TL Vanillezucker	dazugeben und vermischen.
3 Eiweiß	in einer Schüssel steif schlagen und
80 g Rohrzucker	unterrühren. Den Schnee locker unter die Aprikosenmasse heben.

Ein Backblech mit Backpapier auslegen, mit zwei Teelöffeln kleine Häufchen daraufsetzen und im vorgeheizten Ofen bei 130 °C etwa 40 Min. backen.

Das Aprikosenkonfekt abkühlen lassen und in einer Blechdose aufbewahren oder gleich essen.

Damals hat ja zu dieser Clique auch deine Tante Bettina gehört. Und wenn wir nicht da waren, mussten die jungen Leute ja irgendwann was essen, die konnten ja nicht essen gehen, mangels Geld. Das war damals auch noch nicht so, dass man essen gegangen ist – höchstens mal Pizza, und das war dann schon eine kostspielige Sache. Ich habe also immer geguckt, dass der Kühlschrank voll war, wenn wir gefahren sind, damit sich die Kinder verköstigen konnten. Ich habe sie auch immer informiert, was da ist und gesagt, ihr könnt euch dies oder jenes machen, es sind noch Spätzle da oder so. Wenn wir heimgekommen sind, war es immer sauber und aufgeräumt.

◂ 49
Spätzle

Und der Kühlschrank war leer.

Nicht direkt, aber ich habe gemerkt, sie haben sich bekocht. Das war ja auch von mir so gewollt. Wie viele da gegessen haben, das haben wir nie mitgekriegt. Das, was da war, musste halt für die Leute reichen. In irgendeiner Form haben sie es hingekriegt. Die haben dann eben statt einem halben Pfund Spaghetti ein Pfund gekocht oder was weiß ich. Und einmal sind wir heimgekommen, da war in meiner Küche, das war noch die alte, neben den Kochplatten auf der hellen Arbeitsplatte eine braune Stelle. Da haben sie wohl einen heißen Topf hingestellt, dann hat sich dieses Resopal verfärbt. Dann habe ich sie gefragt und sie haben gesagt, ja sie hätten gekocht. Ich wusste ja nicht, wer da unten ein- und ausgeht, ich wusste auch nur im Groben, wer zu der Clique gehört. Ich wusste, Sabine gehört dazu, Bettina gehört dazu und der Stephan war wohl auch irgendwie involviert, dann noch der Thomas, Rupert, Michael sowieso. Wir wussten das nur so grob, weil Jungs vertraut man ja, da kann ja nicht viel passieren. Und es war ja immer alles in Ordnung, bis dahin.

War das dann schlimm mit der braunen Stelle?

Da war ich natürlich schon ein bissle sauer, dass jetzt meine Arbeitsplatte so braun war. Stephan hat mir gebeichtet, es hätte da jemand die heiße Pfanne hingestellt. Dann habe ich gefragt, was habt ihr eigentlich mit dem Rindfleisch gemacht, das ich im

Kühlschrank hatte? Das war Suppenfleisch, das ich am Sonntagabend für den Montag kochen wollte. Ich musste ja immer am Abend vorkochen, damit wir am nächsten Tag ein Mittagessen hatten. Sagt der Stephan: Mama, das haben wir gekocht. Und wie habt ihr das gekocht? In der Pfanne und da ist das eben passiert. Dann sage ich, das war doch Suppenfleisch, kein Fleisch zum Braten. Das hätten sie nicht gewusst, aber es sei mager gewesen und so gut!

Dann hast du auch nichts mehr gesagt.

Nein. Da wusste ich erst, dass die tatsächlich richtig kochen! Wenn der Kühlschrank nur solche Dinge hergibt, muss man eben kochen, was da ist.

Papa hat also der Mama diese bemalte Dose zum Geburtstag geschenkt. Und dann wollte sie das von dir lernen.

Sie war vielleicht ein- oder zweimal da, ich kann mich da nicht mehr so genau dran erinnern. Aber die war so ein reizendes Mädchen, die Sabine. Die mochte ich sehr. Ich wusste ja nicht, dass das mal meine Schwiegertochter wird!

Aber du wusstest, dass der Papa sie schon mit fünfzehn toll fand.

Ja, das wusste ich. Ich habe ihn auch mal gefragt und dann hat er mir zumindest die Bedeutung dieses Mädchens vermittelt. Früher hat man nicht so Klartext geredet, das gab es da nicht. Ich habe mich sogar sehr gefreut, dass der Harald mir das so gesagt hat, das hat mich natürlich sehr geehrt. Und ich war so begeistert, wie der Harald von ihr geredet hat. Da habe ich mir gedacht, das Mädchen hätte er gern. Aber ich bin der Sabine ganz selten begegnet und wenn, dann zwischen Tür und Angel. Sie war schon hier im Haus, wenn wir weg waren, oder der Harald war bei ihr in Mühlheim. Wir sind am Freitag gegangen und am Sonntagabend gekommen. Ich wusste ja nicht, wo er war – es hieß immer, mit der Clique ist man unterwegs.

Die beiden waren ja mit fünfzehn schon ein paar Wochen zusammen. Mama hat dann gesagt, sie will keine Beziehung und der Papa hat dann ein paar Jahre gewartet.

Ja, aber da gab es nie eine andere. Favoritin war beim Harald schon mit fünfzehn die Sabine.

Und du hast zu ihm gesagt, dass kannst du doch noch gar nicht wissen.

Aber ich habe auch mit siebzehn gesagt, den Frieder oder keinen.

Wieso ist mir das nicht so früh passiert?

Bei dir dauert das vielleicht ein wenig länger, weil du erstens kritischer bist und zweitens eine andere Anspruchshaltung hast. Du gehörst zu einer ganz anderen Generation und an den geistigen Horizont stellst du ganz andere Ansprüche. Christina, da liegen Welten dazwischen.

Trotzdem ist es erstaunlich, dass Papa das so früh wusste.

Darum glaube ich immer, dass da andere Mächte am Werk sind, wenn sich zwei so unterschiedliche Menschen so früh begegnen, dass die auch zusammenkommen. Das war ja bei mir genau das Gleiche. Das haben höhere Mächte bewerkstelligt, dass mir dieser Mann zur richtigen Zeit begegnet ist, bevor ich an einen Hallodri geraten bin, an einen Windhund, an einen, der mich nicht verdient und mir vielleicht auch noch Schaden zugefügt hätte. Ich habe immer zum Frieder gesagt, dich hat mir der Himmel geschickt!

Hat der Opa dir mal erzählt, wie es für ihn war, dich zu treffen?

Also ich glaube für den Frieder war es wichtig, sich zu beweisen, dass er eine Frau glücklich machen kann.

Das hat er auf jeden Fall bewiesen. Aber doch nicht irgendeine Frau! Irgendetwas fand er ja an dir besonders anziehend.

Das weiß ich nicht. Er konnte mir das auch nie so richtig sagen.

Es ist ja auch eher ein Symptom der heutigen Zeit, dass man so offen über seine Gefühle redet.

Das gab es früher nicht. Ich mag dich, hat er immer gesagt, wenn ich gesagt habe, sag mal Frieder, das hättest du doch gar nicht nötig, diese Entfernung. Du würdest doch auch in deinem Gebiet jemanden finden, wo es viel entspannter wäre, eine Beziehung zu leben und zu erhalten. Ich will aber dich, hat er gesagt. Ohne Wenn und Aber. Manchmal kann man es gar nicht beschreiben, warum. Warum jetzt gerade dieser Mann? Ich hätte jetzt auch nicht sagen können, was es am Frieder ist. Es gab Dinge, für die ich ihn sehr bewundert habe. Er war ein Mann, der mir in vielerlei Hinsicht haushoch überlegen war, und das hat ihn für mich interessant gemacht. Und ich konnte mich hundert Pro auf ihn verlassen.

Ihr habt euch gut ergänzt und eine schöne Einheit gebildet. Man hat gespürt, dass ihr euch gern habt.

Genau. Und das war immer so, bis zum letzten Tag. Es war so eine lebendige Beziehung, bei uns war es nie langweilig. Auch als wir nicht mehr diesen großen Freundeskreis gepflegt haben, weil mir das zuviel abverlangt hat. Man kann nicht alles bedienen – Kurse besuchen, Kurse geben, Arbeiten, Kinder, Kegeln und und und. Auch dann war es uns nicht langweilig. Ich habe immer zum Frieder gesagt, geh doch mit jemandem in die Berge – er ist doch so gerne ins Gebirge gegangen und mir waren die Touren manchmal wirklich zu hart. Dann habe ich gesagt, es gibt einen Albverein, da kannst du doch mitgehen, schließ dich doch so einer kleinen Männergruppe an. Dann hat er gesagt, nein, dann bleibe ich daheim. Ich will mit dir wandern. Ich habe nicht gemosert, ich habe höchstens mal gesagt, du Frieder, also manchmal frage ich mich schon, womit habe ich das verdient? Die ganze Woche gehe ich arbeiten, dann habe ich meinen Haushalt, die viele Wäsche, einen Mann, der jeden Tag einen Anzug und ein Hemd braucht – das ist ein ganz anderer Aufwand, als wenn einer einmal die Woche einen blauen Anton braucht. Und dann im Gebirge, wenn ich mal wieder so am Anschlag war, habe ich mich das laut gefragt. Dann hat er immer zu mir gesagt, weißt du Heidi, ich mag das halt, und am liebsten mit dir.

Erzählst du mir noch, wie der Harald bei dir in der Küche stand mit seinem Geständnis? Wusstest du, dass er mittlerweile mit der Sabine zusammen war?

Nee! Das wussten wir nicht. Wir wussten, dass die beiden befreundet sind und dass sie seine Traumfrau ist. Mehr wusste ich nicht. Die Kommunikation zwischen Harald und uns fand in der Früh kurz beim Frühstück statt, dann sind wir arbeiten gegangen, dann kurz beim Mittagessen, da hatten wir auch keine Zeit zum groß Reden und am Abend hat man gevespert und dann sind Harald und Stephan runter und haben Musik gehört oder Freunde getroffen.

Aber wart ihr gar nicht neugierig?

Wir wussten ja nicht, was der Stand ist und dass die Beziehung zu der Sabine in der Zwischenzeit so gediehen ist. Das ist an uns vorbeigegangen. Dann kam er eines Abends und hat gesagt, er würde gerne mit uns reden. Dann hat er es erst mir gesagt, hier in der Küche hat er gesagt: Sabine bekommt ein Baby und wir würden gerne heiraten.

Mit rotem Kopf?

Ja, es war ihm nicht so wohl dabei, das kann man nachvollziehen. Also ich hätte das daheim nicht sagen wollen. Dann habe ich erst gedacht, der foppt mich. Die Jungen wollen ihre Eltern ja manchmal testen, wie reagieren meine Alten, wenn ich mit so was komme?

Du warst vierzig.

Ja. Als ich den Namen Sabine hörte, war ich happy, da war ich total begeistert. Ich war sowas von baff, muss ich sagen.

Dass dein Sohnemann die Sabine gekriegt hat!

Ganz genau. Ich fand dieses Geschöpf wundervoll. Aber ich hatte keine Gelegenheit, mit ihr in Kontakt zu treten. Dann habe ich den Frieder gerufen.

Der hat nebenan im Wohnzimmer Sportschau geschaut.

Das kann schon sein. Frieder, habe ich gesagt, hast du gehört? Es gibt Neues! – Stille. Dann irgendwann: Haja. Haja. Ha, dann wirst du Oma. Und du wirst Opa. Ich glaube, er hat gesagt, schon ne Überraschung, gell?

Und wie verlief der Rest des Abends?

Schweigend. Der Frieder … – Männer! Männer können ja mit solchen Dingen überhaupt nicht umgehen.

Schweigend. Und der Harald?

Der ist dann wieder runter in sein Zimmer, nachdem er uns das offenbart hatte. Der Frieder hat noch gefragt: Und wie stellt ihr euch das vor? Ja, sie würden gerne heiraten. Er will die Frau heiraten, das steht also außer Frage.

Oma Karola hat damals wohl gesagt, ihr müsst ja nicht gleich heiraten.

Das hat Karola gesagt? Es war schon früh und keiner hat damit gerechnet. Frieder war erst mal ganz in sich gekehrt, er hat zwar den Fernseher nicht ausgeschaltet, aber ich habe an seinem Gesicht gesehen, er hat spekuliert. Und nach einer Weile habe ich zu ihm gesagt, und, was meinst? *Ha, 's isch halt so wies isch.* Dann habe ich gesagt, Frieder, das ist normal, denk mal zurück. Wir haben uns nicht rechtfertigen brauchen, weil wir – Gott sei Dank! – verheiratet und nicht mehr daheim waren. *Haja, isch doch recht*, hat er gesagt. Du Frieder, eine bessere Schwiegertochter werden wir uns nie wünschen können. *Schau mer emol.* Der Frieder hat sie noch weniger gekannt als ich. Schon am nächsten Tag war er anders drauf, das habe ich ihm angesehen, da hatte er das geschluckt und hat sich auch gefreut. Das habe ich schon gemerkt und er war auch ein Stück weit stolz. Als dann klar war, wann die beiden heiraten und dass das machbar ist mit Sabines Studium, hat der Harald die Sabine schon mal mitgebracht. Der Frieder war von Anfang an begeistert von ihr und ich sowieso. Dann hat er sich schon gefreut, der Frieder.

Und mich hat er immer gefoppt, dass er jetzt mit der Oma ins Bett geht.

Und du mit dem Opa!

Ja, das war schon schön. Und was war der Frieder für ein glücklicher Opa! Wahnsinn. Wenn nur von der Christina die Rede war, da hat er alles andere vergessen.

Habt ihr Weihnachten dann eigentlich bei Sabines Eltern verbracht?

Ja, stimmt, da waren wir in Mühlheim.

Da durfte Mama kurz aus dem Krankenhaus zu euch, danach musste sie der Papa wieder zurückbringen und zwei Tage später kam dann endlich ich, mit zwei Wochen Verspätung.

Hattest du zwei Wochen Verspätung? Und du warst so klein, du warst ein Zwuckel mit fünf Pfund, mein Gott, warst du winzig! Die Sabine war ja bei dir überhaupt nicht dick, so sind andere im sechsten Monat. Dass der Bauch nicht dicker wurde, hat mich ein bisschen in Sorge gebracht, und dann stand die Geburt schon bevor und der Bauch war immer noch nicht dick. Wir haben dich noch im Krankenhaus auf dieser Welt willkommen geheißen, dich begrüßt und begutachtet. Ich habe zum Frieder gesagt, das Mädchen ist zwar winzig, aber es ist alles dran. Nachdem wir dich in der Klinik besucht und gesehen hatten, dass alles okay ist, sind wir als frisch gebackene Großeltern in den Bayerischen Wald gefahren und haben ihnen gesagt, dass sie Urgroßeltern geworden sind.

Und?

Nojoa, do kimma a nix dafia.

Das war das erste Mal, dass ihr Weihnachten nicht im Bayerischen Wald verbracht habt. Danach habt ihr immer mit uns gefeiert – immer im Dreieck rum.

Das hat sich bis heute gehalten. Dieses Jahr feiern wir bei mir, mit einem neuen Partner! Der Helmut freut sich so, dass er jetzt auch Enkelkinder miterleben darf.

Singleküche

Vieles hast du erst gelernt, nachdem Opa Frieder den Herzinfarkt hatte. Du hast gemerkt, so, jetzt muss ich alleine gucken.

Eigentlich war ich damals relativ schnell stabil. Die Zeit, in der ich täglich zu ihm ins Pflegeheim nach Geisingen gefahren bin, die hat mich so stark gemacht.

Du hast gesagt, dass Opa Frieder dich in diesen knapp zwei Jahren vor seinem Tod unbewusst in die Selbstständigkeit begleitet hat.

Der hat mich tatsächlich begleitet. Die Zeit als solche war schwer, aber sie war auch sehr bereichernd. Durch das tägliche Fahren habe ich mehr Fahrsicherheit bekommen. Ich habe gelernt, mir eine eigene Meinung zu bilden und für Dinge zu kämpfen, was vorher alles der Frieder gemacht hat.

Du hast jeden Tag etwas gelernt. Ich hatte das Gefühl, du machst riesige Schritte.

Wenn ich im Haus und drumherum etwas bewältigt hatte, hat mich das bestärkt und mir gezeigt, dass ich auch alleine lebensfähig bin. Ich habe auch immer gespürt, ich bin gar nicht alleine. Meine Familie war für mich da, die Nachbarn und Freunde wurden wichtiger für mich.

Und im Pflegeheim warst du der Sonnenschein für die anderen Patienten.

Ja, das stimmt. Die haben immer schon auf mich gewartet. Ein Mann, der war im Rollstuhl, der hat mich manchmal gebeten, Karten und Briefe für ihn zu schreiben. Er hatte eine Pflegerin im Heim, die er verehrt hat. Er hat immer wieder eine schöne Karte besorgt, dann hat er mich abgepasst, wenn ich gekommen bin und er hat mir diktiert, was ich schreiben soll. Ich habe schon gemerkt, er empfindet sehr viel für die Frau. Das war schon ein Vertrauensbeweis. Und er hat immer zu mir gesagt, deine Schrift gefällt mir so. Ich war doch mit meiner Schrift nie glücklich. Doch, du schreibst so schön und du tust mir so gut. Du musst gar nichts machen, nur da sein.

In der Zeit musstest auch dein Kochen auf Singleküche umstellen.

Und das Kochen hat mich oben gehalten. Meine Wertschätzung für mich selbst ist so gewachsen. Ich habe mir immer gesagt, ich muss stabil bleiben für meinen Frieder. Weil ich doch so dünn wurde, hat der Harald mal zu mir gesagt, Mama, du musst essen, sonst kriegen wir noch ein weiteres Problem. Das saß ganz tief. Dann habe ich immer richtig gut für mich gekocht, meistens für zwei Tage. Für Nachmittags im Pflegeheim habe ich mir immer süße Stückle besorgt, dass ich ja nicht noch mehr abnehme. Das geht so schleichend, wenn du dich selber vergisst. Der Körper braucht Nahrung, um so eine Situation auszuhalten – du glaubst gar nicht, wie das zehrt.

Deine ganzen Kleider waren plötzlich zu groß.

Meinem Körper muss es gut gehen, nur dann kann ich stark sein. Ich habe jetzt keine Angst mehr vor dem Alleinsein.

Wie kommts? Bist du dir selber näher gekommen?

Ganz genau. Weil ich jetzt weiß, was ich kann und dass ich mich selber wieder von ganz unten nach oben schaffen kann.

Aber zu zweit ist es trotzdem schöner, oder?

Ja, das sage ich jetzt, aus dieser heimeligen Situation heraus, dass ich den Helmut jederzeit sehen kann, wenn ich möchte. Ich bin auch froh zu wissen, dass ich nicht alles alleine machen muss. Nur entscheiden muss immer ich. Manchmal wäre ich froh, der Helmut würde auch mal für mich entscheiden.

Aber du hast doch immer klare Vorstellungen und deshalb fragt er dich lieber vorher.

Da hast du recht.

Kartoffelherz

◀ 21
Kartoffelsuppe

Die Kartoffelsuppe ist gleich fertig, jetzt machen wir noch eine Zwiebelschmelze. Im Schwäbischen habe ich das gelernt, wenn man die Zwiebelschmelze erst ganz zum Schluss draufmacht, schmeckt es viel pikanter. Meine Mutter hat mir mal zugeschaut, dann hat sie gesagt, *joa Heidi, woaßt du denn ned, doss wia die Zwiebel vorher andämpfen?* Dann sage ich, *i wos des scho, doss ia des so mocht*. Ich habe es auch immer so gemacht, bis ich beim Gaisburger Marsch mitgekriegt habe, dass da hinterher ganz viel Zwiebelschmelze draufkommt. Das bringt erst den richtigen Kick! Und seither mache ich das lieber so, weil der Zwiebelgeschmack viel intensiver ist.

◀ 23
Gaisburger Marsch (Kartoffelschnitz und Spätzle

Übrigens weiß ich jetzt, wieso das Gaisburger Marsch heißt!

Erzähl!

Eine Gruppe Soldaten ist wohl immer von ihrer Kaserne zu einem Gasthaus in Gaisburg marschiert, um dort ihr Lieblingsgericht zu essen – Kartoffelschnitz und Spätzle.

Ach, und darum heißt das so, interessant! Dein Papa liebt das ja auch. So, das lassen wir jetzt köcheln. Zum Schluss gebe ich dann noch einen Teelöffel Schmand dazu, das macht die Suppe so schön sämig. Muskat kannst du auf den Tisch stellen, das kann sich jeder selber draufmachen, soviel er mag.

Benutzt du die Hefebrühe eigentlich schon lange?

Ja, das ist für mich ein Ersatz, wenn ich gerade keine eigene Gemüsebrühe habe. Ich mache immer viel Gemüsebrühe, schütte sie in so ein Einmachglas mit Schraubverschluss und stelle sie in den Kühlschrank, da hält sie eine Woche. Notfalls kann man sie auch in einer Plastikdose einfrieren, wenn man rechtzeitig merkt, dass man sie gerade nicht verwenden kann.

◀ 31
Gemüsebrühe

Hier liegt ja eine Herzkartoffel!

Die war in dem Sack, wo meine Selma drin ist – die Salatkartoffel heißt so. Die habe ich entdeckt, als ich letzte Woche für den Helmut Kartoffelsalat gemacht habe. Der hat sich gefreut über den Kartoffelsalat! Sagt er: Heidi, mit dir bin ich ja die Treppe raufgefallen!

◂129 Schwäbischer Kartoffelsalat

Erzählst du mir nochmal, wie du den Helmut kennengelernt hast?

Die Emma, die in meiner Straße wohnt, hat mich mal beim Spazieren gefragt, ob ich gern alleine bin. Nein, sage ich, ich bin ungern alleine. Unter der Woche ja, aber am Wochenende gefällt es mir nicht.

Sonntage sind schwer.

Dann sagt sie, ihr Mann hat einen Onkel, der lebt im Hegau und ist schon sechs Jahre Witwer, mindestens sechs Jahre. Sie sehen den nur ein oder zweimal im Jahr bei Familienfeiern und es tut ihnen so leid, dass so ein charmanter Mann, ein hochanständiger Mann, dass der alleine ist und alleine bleibt. Nach unserem Spaziergang haben wir noch bei mir Kaffee getrunken und dann hat sie gesagt, du hast es so schön, da wäre doch auch Platz für einen Partner. Ja, Platz schon, an dem wird es nicht scheitern. Aber das möchte ich eigentlich gar nicht. Ich fände es schön, wenn man sich am Wochenende gern trifft und zusammen was macht – wenn es denn eine Bereicherung ist. Dann hat es mich schon interessiert und ich habe gefragt, ja würde der Mann denn zu mir passen? Das weiß sie nicht. Dann sage ich, ja wenigstens altersmäßig? Ja, sagt sie, altersmäßig könnte es hinhauen. Sie wusste nicht wie alt er ist, aber über sechzig. Und sie findet den so nett und der sei auch immer so akkurat gekleidet, also immer ein angenehmes Erscheinungsbild und auch ein angenehmer Mensch. Sie hätten schon ein paar Mal zu ihm gesagt, Helmut du musst doch nicht alleine bleiben, wenn du es nicht willst. Du siehst doch gut aus und du hast doch alles. Nein, er hätte sich jetzt so arrangiert und es geht, verhungert sei er bis jetzt auch nicht.

Aber beim nächsten Familienfest ist sie in die Offensive gegangen.

Dann habe ich ihr gesagt, weißt du was, ich schreibe dir meine Telefonnummer auf, die gibst du ihm und wenn er Interesse hat, wird er schon anrufen. Und wenn nicht, dann ist es wie vorher. Das ist eine gute Idee, sagt sie. Drei oder vier Wochen später laufe ich an ihrem Haus vorbei, mit meinen Stöcken, dann ruft sie mich rein. Sagt sie: Du, in vierzehn Tagen feiern wir die diamantene Hochzeit von meinen Schwiegereltern, dann kommt der Helmut ja auch. Willst du das noch mit der Telefonnummer? Ja, sage ich, warum eigentlich nicht? Kennenlernen kann man sich ja, wenn er Interesse hat. Gegen Ende der Feier haben sie ihn wohl im Treppenhaus abgepasst und die Emma hat zum Helmut gesagt, Helmut, das ist eine Frau für dich. Wir kennen die schon Jahrzehnte und die ist so nett. Du kannst sie doch einfach mal anrufen, das reicht ja. Was ihr daraus macht, ist eure Sache, aber kennenlernen solltet ihr euch. Er war ganz ablehnend. Nein, er hätte kein Interesse und es gäbe auch im Hegau Frauen, die zu haben wären, oder so ähnlich.

Und die Emma?

Sie hat ihm meine Nummer gegeben und gesagt, das sagst du ihr jetzt aber selber. Eine Woche später habe ich sie wieder gesehen, dann sagt sie, und? Funkstille, ich hatte noch nichts gehört. Ein paar Tage später hat er dann angerufen. Er wollte mir mitteilen, dass er kein Interesse hat. Da er so ein höflicher Mensch ist, wollte er aber nicht mit der Tür ins Haus fallen. Er hat erst einmal eine Einleitung gefunden: Von Fridingen, da gäbe es doch auf dem Gnadenweiler die Kapelle, da würde er gerne mal hinfahren. Dann habe ich spontan gesagt, da kann ich ihn hinbringen, ich kenne den Weg dorthin. Er war einverstanden. Ich dachte, dann sehe ich den Knaben wenigstens mal. Wir haben noch eine ganze Weile telefoniert, er war sehr offen, habe ich gemerkt – also nicht so, dass ich das Gefühl hatte, er macht das nur pro forma. Er hat dann wieder angerufen und wieder angerufen und die Gespräche wurden immer intensiver. Als dann der Termin feststand, an dem er kommen wollte, um mit mir zum Gnadenweiler zu fahren, habe ich gesagt, weil wir ja kein Facebook haben, beide nicht – ich habe gesagt, also ich hätte zwar einen Computer, aber ich kann ihn nicht bedienen und dann hat er mir erzählt, dass er da auch nicht so firm sei und halt nur Briefe und seine Reden schreiben kann – habe ich also gesagt, wie wäre es denn, wenn wir uns wenigstens ein Foto schicken. Dass nachher der Schock nicht so groß ist, die Optik muss ja auch stimmen.

Klar!

Wenn jetzt da so einer kommt mit Glatze und Bauch. Emma hat mit zwar versichert, dass er gut aussieht, aber das sagt ja noch nicht, dass das bei mir auch so rüberkommt. Dann habe ich ihm ein Foto geschickt und er mir auch und das war optisch – perfekt. Also haben wir uns darauf eingelassen.

Dann habt ihr euch getroffen.

Auf Bergsteig, auf dem Parkplatz. Er stieg aus dem Auto aus und ich gleichzeitig. Ja, das war positiv, auf beiden Seiten. Wir haben uns in den Arm genommen, weil wir hatten ja schon ein paar Mal am Telefon gesprochen und haben uns dann auch geduzt nach dem vierten oder fünften Gespräch.

Schön.

So ist halt unsere Generation, bei euch ist das ganz anders. Er hat mich in den Arm genommen, aber ganz sachte, gell. Dann habe ich schon gemerkt, die Chemie stimmt. Ich muss einen Mann riechen, das habe ich dir ja immer gesagt.

Den konntest du gut riechen.

Er roch angenehm nach Mann, das hat mir gefallen. Ich habe nämlich am Telefon schon gesagt, also so einen Schickimicki mit Goldarmbändern und Ketten und Ohrringen – also so was kann ich gleich gar nicht leiden. Das habe ich ihm schon im Vorfeld gesagt, weil ich gedacht habe, für mich ist das ein Kriterium und wenn der Mann das nicht weiß … Manche Frauen takeln sich ja extra auf für so ein Date.

Und du warst einfach du.

Ich war einfach wie immer und er auch. Wir haben dann erst einmal eine Weile im Stehen geredet und es wurde eine angenehme Unterhaltung. Wenn die Optik schon einmal stimmt und das, was derjenige von sich gibt, dann merkst du ja auch gleich, wie er gewickelt oder gepolt ist. Das war positiv. Zuerst habe ich gedacht, ach, so ein Spießer-Auto! Ford war für mich immer ein Spießer-Auto, warum weiß ich nicht so genau. Naja, habe ich gedacht, ich kann das ja jetzt nicht von einem Auto abhängig machen, so eine Partnerschaft, die eventuell etwas sein könnte. Er hat erzählt, er hatte immer schon Ford und das sei jetzt ein neuer, den hat er sich im Alleingang gekauft. Dann sind wir auf den Gnadenweiler rauf. Ich habe mein Auto stehengelassen und er ist gefahren und dann sind wir in die Kapelle und drum herum gelaufen, haben uns mit einer Decke auf die Wiese gesetzt und uns unterhalten. Jeder hat ein bisschen aus seinem Leben erzählt, auch von seinem Partner und von der Familie, ja und er wurde immer zutraulicher. Er hat meine Hand genommen und sie ein bisschen gestreichelt. Ich habe nicht abgewehrt, weil das angenehm war. Nicht fordernd, auch nicht plump, sondern einfach nur schön.

Dann seid ihr noch ins Café.

So, hat er dann gesagt, und was machen wir jetzt? Dann habe ich gesagt, da vorne im Kapellenblick gibt es guten Kuchen, da können wir hingehen. Okay, dann sind wir also rein und es war alles voll bis auf den Stammtisch, da durften wir uns hinsetzen. Helmut hat die ganze Zeit meine Hand gehalten und mich angeschaut, immer nur angeschaut. Dann habe ich gesagt, also ich nehme eine Schwarzwälder, die ist gut hier. Ja, er auch, er mag auch gern Süßes. Er hat meine Hand nicht mehr losgelassen. Dann kamen zwei Frauen und haben gefragt, ob sie sich zu uns setzen dürfen. Die haben schon gemerkt, bei uns knisterts und beobachtet, wie zärtlich der Helmut zu mir war.

◂157 Schwarzwälder Kirschtorte

Du hast es geschehen lassen.

Ja, aber er war anständig. Die Frau gegenüber hat gefragt, waren

Sie schon oft hier oben? – Sie wollte wohl mehr über unsere Konstellation erfahren. Dann habe ich ihr gesagt, ich schon, aber er nicht – wir kennen uns ja erst seit zwei Stunden. Jetzt waren die zwei Frauen baff. Die haben sich so amüsiert an uns zwei. Dann sagt die eine Frau zu uns, Sie müssen mich unbedingt besuchen, ich wohne in Gosheim. Sage ich, ja warum sollen wir Sie besuchen? Dann sagt sie, weil ich Sie so nett finde, alle beide. Und sie möchte gerne wissen, wie sich unsere Bekanntschaft entwickelt. Das würde sie interessieren, wir seien so ein nettes Paar und sie hätte gedacht, wir seien schon länger verheiratet, aber noch schwer verliebt.

Das ist ja ein nettes Kompliment, so eine Spontaneinladung.

Aber ich habe die Frau nie besucht. Wir sind dann gegangen. Als wir durch Fridingen gefahren sind, habe ich ihm gesagt, jetzt zeige ich dir, wo ich wohne, wenn es dich interessiert. Ich dachte, er muss erst einmal einen Eindruck kriegen – was hat die Frau für einen Hintergrund, was hat die überhaupt, kann die sich selber ernähren?

Du hast ihm also dein Haus gezeigt.

Genau, wir sind hier gesessen. Habe ich gedacht, dann kann er sich ein Bild machen, ob ich schlampig oder alltagstauglich bin. Er hat sich umgeschaut und gesagt, ich hätte es halt so, und er hätte es anders. Dann habe ich gesagt, jetzt weißt du, was sich hinter der Frau verbirgt. Er hat gesehen, bei mir ist alles gepflegt und stimmig. Mittlerweile war es Vesperzeit, dann habe ich gesagt, ich würde jetzt gerne noch mit ihm ins Landhaus Donautal, da essen wir jetzt einen Wurstsalat. Und so haben wir es gemacht. Dann habe ich mir gedacht, so, das wars jetzt. Wir sind noch eine Weile im Auto zusammengesessen und haben geredet. Im Laufe dieses Gesprächs hat er mir dann schon sehr deutlich gesagt, dass er keine Beziehung möchte.

Also doch nicht.

Er findet mich sympathisch und er ist angenehm überrascht und die hätten nicht übertrieben, aber die Entfernung wäre auch ein Kriterium und von daher könnte das gar nicht von Dauer sein. Er befürchtet, dass es nur eine oberflächliche Bekanntschaft sein wird, weil die Entfernung das nicht zulässt, dass man das intensiviert. Dann habe ich gesagt, wie viele Kilometer sind das denn? Fünfundvierzig. Dann sage ich, das sind doch keine hundert! Das ist doch zu bewältigen. Ich bin mobil, er ist mobil – machen wir es halt so: Wir treffen uns, wenn wir das Bedürfnis haben, und der, der das Bedürfnis hat, ruft an.

Dann habt ihr euch verabschiedet.

Ich habe noch gesagt, ich fände es jetzt schade – nachdem beide voneinander so einen positiven Eindruck haben und die Entfernung mit zwei Autos überwindbar ist und wir noch rüstig sind, meine ich doch, dass wir eine Chance hätten. Ich habe schon gemerkt, der war so im Zwiespalt. Auf der einen Seite wollte er, auf der anderen Seite hatte er Angst. Ich habe schon gedacht, der Grund war nicht ich und die Entfernung war es auch nicht. Dann habe ich gesagt, also gut, ich würde mich trotzdem freuen, wenn wir uns vielleicht mal sprechen. Der war noch keine Stunde daheim, da hat er mich schon angerufen.

Und dir erzählt, wie toll er dich findet!

Naja, ich habe schon gemerkt, er muss erst Klarheit schaffen daheim. Er ist einer, der gerne mit offenen Karten spielt und auch nichts im Verborgenen machen will. Er will zu dem stehen, was er macht und davon muss er erst überzeugt sein.

Wann habt ihr euch wiedergesehen?

Ich glaube er hatte an dem Wochenende schon was vor, aber die Woche darauf. Er hat jeden Tag mit mir telefoniert, jeden Tag, und es wurde immer vertrauter. Er hat sich immer mehr getraut, als er gemerkt hat, dass ich so positiv auf alles reagiere und dass ich es auch akzeptiere, wenn er meint, dass es nicht funktionieren kann. Von meiner Seite habe ich klar gemacht, dass ich schon glaube, dass es funktionieren wird und dass ich mich freuen würde, wenn es wenigstens eine Freundschaft bleibt. Es liegt ja dann an uns beiden, ob wir Tiefgang bekommen oder nicht. Bei jedem Gespräch wurde er zutraulicher und hat sich immer mehr geöffnet.

Wie war euer zweites Treffen?

Wunderschön.

Wo habt ihr euch getroffen?

Ich denke, hier. Ein paar Wochen später hat er mir gesagt, er würde mich mal zu sich mitnehmen. Wahrscheinlich nachdem er mit seiner Tochter gesprochen und sie ihr Okay gegeben hatte. Sie hat nur zu ihm gesagt, Papa, das musst du wissen. Da war er schon zwei, drei Mal bei mir.

Wir beide haben uns dann mal getroffen, da hast du mir erzählt, dass du einen neuen Bekannten hast, und ich habe dir gesagt, dass ich einen neuen Freund habe.

Da waren wir doch beide überrascht, dass das zur gleichen Zeit passiert ist.

Beide verliebt. Bist du es immer noch?

Oh ja! Den musst du doch mögen, den Helmut.

Kräutertopf

Christina, ich wollte dir noch ein paar Fotos zeigen. Ich traue mich jetzt nämlich auch zu fotografieren.

Du hast doch schon immer fotografiert.

Ach was!

Wenn Julia und ich uns früher mit deinen Kleidern und deinem Modeschmuck verkleidet haben, hast du uns doch immer fotografiert!

Meistens hat der Frieder fotografiert. Aber jetzt traue ich mich sogar mit dieser Digicam. Schau, die Schneeglöckle im Hintelestal, da war ich letzte Woche. Das waren die Letzten, die waren schon fast am Verblühen. Und hier der Frauenschuh auf Bergsteig. Das ist meine Klematis hinterm Haus.

Etwas verwackelt.

Ich bin ja noch am Lernen.

Und wie gehts deinem Schrebergärtle?

Das geht jetzt erst los. Helmut war letzte Woche mal unten und hat mir den Boden gelockert und das Unkraut rausgezogen. Ich hatte Ackersalat drin, davon ist sogar jetzt noch was da, das gibt nochmal eine Mahlzeit. Wenn du willst, kannst du nachher mitkommen, dann ernten wir ihn gemeinsam.

Das machen wir!

Dann gehen wir auch am Friedhof vorbei, gell.

Irgendwann will ich auch so einen Gemüsegarten, aber ich habe überhaupt keine Ahnung vom Gärtnern.

Du musst mal auf deinem Balkon anfangen mit einem kleinen Kräutertrog. Einfach einen netten Kübel nehmen oder einen Korb, den mit Folie auslegen, damit das Wasser nicht davonläuft, ein paar Steine als

Drainage und dann Erde drauf, Anzuchterde. Die kostet zwar ein bisschen was, aber die ist dann schon gedüngt mit Naturdünger. Die musst du nur einmal nehmen. Dann eben Schnittlauch, Petersilie, vielleicht Kerbel, Minze, Zitronenmelisse, Sauerampfer und Salbei ist toll, der hält den ganzen Winter. Da kannst du sogar im Winter, wenn du Halsweh hast, ein oder zwei Blättchen holen, steckst sie in den Mund und kaust.

Oder ich mache Salbeibutter zu Nudeln.

Das ist auch lecker. Und natürlich Maggikraut, das ist ganz wichtig – Christina, das musst du haben!

Wenn du dieses Jahr wieder Maggikraut in der ganzen Nachbarschaft sammelst, würde ich ein Gläschen nehmen.

Mache ich dir gerne. Jetzt weiß ich ja, wie wundervoll das in der Salatsoße schmeckt und wie leicht es zu ernten ist. Und wenn du magst, kaufe ich dir ein Töpfle Liebstöckel.

◂91 Salatsoße

Gerne. Ist es eigentlich besser, Pflänzchen zu kaufen oder zu säen?

Pflänzchen, sonst musst du ja ewig warten, bis das kommt. Dann musst du noch herausfinden, welches Kräutlein du gern hast. Am wichtigsten ist mir Petersilie, die glatte. Und wenn du Basilikum kaufst, hält sich das den ganzen Sommer. Nimm aber das rote, das ist robuster, im Normalfall sogar winterhart. Basilikum zu Tomaten mit Schafskäse oder Mozzarella – herrlich. Bärlauch kann man auch im Topf haben, aber Bärlauch ist nicht jedermanns Sache, weil er halt etwas riecht. Bärlauchpesto ist was Feines, zum Beispiel zu den Quarknocken. Deinem Papa habe ich Maultaschen mit Bärlauch gemacht.

◂185 Bärlauchpesto

◂189 Quarknocken

Zum Geburtstag?

Ja, genau achtundvierzig Stück. Deine Schwester ist mit mir Bärlauch sammeln gegangen. Das war schön, mit der Julia da runterzulaufen, an der Bärlauchhalde.

◂45 Schwäbische Maultaschen

Hat sie dir auch bei den Maultaschen geholfen?

Sie wollte, konnte aber nicht, weil sie eine Prüfung hatte. Jetzt habe ich es so gemacht: Ich habe das übrige Brät eingefroren und wenn sie jetzt mal Zeit hat, besorge ich den Nudelteig auf dem Wochenmarkt und sie darf dann kommen und sie alleine füllen, unter meiner Anleitung. Dann weiß sie schon mal, wie das funktioniert. Das ist ein ganz anderer Nudelteig, den ich da auf dem Markt bekomme.

Besser?

Ja, der ist viel stabiler und gelb. Sagenhaft! Sie brauchen allerdings etwas länger zum Kochen und sind nachher knackiger, weil der Nudelteig Biss hat. Jetzt habe ich mir überlegt, was ich mir dieses Jahr in mein Gärtle pflanze.

Und?

Zum einen habe ich mir Blumensamen gekauft für den Zaun. Da an den Zaun auch manchmal Hunde hinkommen und ihr Geschäft verrichten, wollte ich da jetzt nichts, was ich nachher ernte. Ich habe mir Wicken gekauft, die klettern am Zaun hoch und sehen dekorativ aus. Der Zaun ist ihr Klettergerüst, da halten sie sich fest und das sieht so schön aus. Die lassen sich auch als Schnittblumen verwenden. Wenn da mal ein Hund hinpinkelt, ist es nicht so schlimm. Und dann dachte ich, dass ich auch Petersilie säe, weil ich sehr viel glatte Petersilie brauche, auch für die Maultaschen, da mache ich ganz viel rein. Die liebt es nicht im Topf, die mag sich ausbreiten. Normalerweise kommt sie im nächsten Jahr wieder. Dann wird sie schwächer und man muss nochmal frisch säen. Und dann dachte ich, dass ich mir dieses Jahr Lauch setze. Lauch brauche ich ganz viel für Lauchgemüse und Lauch mache ich ja auch in die Maultaschen, im Winter.

◂ **45** Schwäbische Maultaschen

◂ **155** Lauchgemüse

Wann kann man Lauch ernten?

Im Spätsommer, erst ab Ende August, September. Aber den kannst du den ganzen Winter stehenlassen, der mag Frost. Du musst dann halt die äußeren Blätter wegwerfen, aber sonst bleibt er frisch. Und er macht wenig Arbeit, braucht nicht mal gegossen werden.

Ich kann zwar etwas Wasser vom Friedhof holen, für den Anfang, bis alles angewachsen ist, aber dann braucht man Lauch nicht gießen. Da unten im Gärtle muss ich mich auf so was beschränken.

Was pflanzt du noch?

Ich habe ja nicht so viel Platz, zwei Beete würde ich sagen. Dann schaue ich mal, wie viel Platz noch übrig ist. Vielleicht noch Pflücksalat. Das säe ich Ende April, Anfang Mai. Früher soll man nicht, weil der Boden noch nicht warm ist. Solange der Boden kalt ist, geht nicht mal die Petersilie auf. *Säst du mich im April, dann komm ich wann ich will. Säst mich aber im Mai, dann komm ich glei.*

Schön! Du kennst sicher noch mehr Bauernregeln, oder?

Jaja, es gibt auch für Zwiebeln einen bestimmten Zeitraum, in dem man sie am besten setzen sollte: *Setze mich an Benedikt, der macht dir deine Zwiebeln dick.* Der Benedikt ist der Patron für die Zwiebel, der hat seinen Namenstag Ende März, aber hier in der Gegend ist März schon sehr früh. Jetzt wollte ich dir ja noch ein paar Bilder zeigen – schau mal, hier waren Salome, Myriam und Lea bei mir und ich habe gesagt, jede von ihnen soll einen Knödel machen. Hat der Helmut fotografiert.

◂15 Bayrische Semmelknödel

Es hat ja fast schon Tradition, dass du mit deinen Enkelinnen kochst.

Und gerade bayrische Semmelknödel sind ja auch nicht jedem geläufig, gell.

Ich habe Semmelknödel erst einmal ohne dich gemacht.

Und?

Die Mitte war gut, aber die Oberfläche war etwas schwammig.

Das ist halt die Kunst, das gewisse Etwas, worauf es ankommt. Ich weiß, wie das passiert. Die Konsistenz muss stimmen, wie beim Kuchen und bei allem – wenn der Teig nicht stimmt, dann sind die Knödel nachher außen *franserig*. Mit kaltem Wasser die Hände nass machen und dann die Oberfläche ganz glatt streichen – ich habe es dir aber schon gezeigt. Wann können wir das nochmal machen? Dass du die Knödel hier bei mir machst, unter meiner Anweisung, damit du weißt, worauf es ankommt.

◂107 Scheiterhaufen (Ofenschlupfer)
◂191 Vanillesoße

Das machen wir beim nächsten Mal. Morgen machen wir erst einmal den Ofenschlupfer mit Vanillesoße.

Gut. Dann gehen wir jetzt los zum Gärtle und auf dem Rückweg kaufen wir die Weckle für Morgen.

35 30 25 20 15 10 5 60 55 50 45 40

Personenverzeichnis

→ Stammbaum ⊠ Familienbilder

Stammbaum

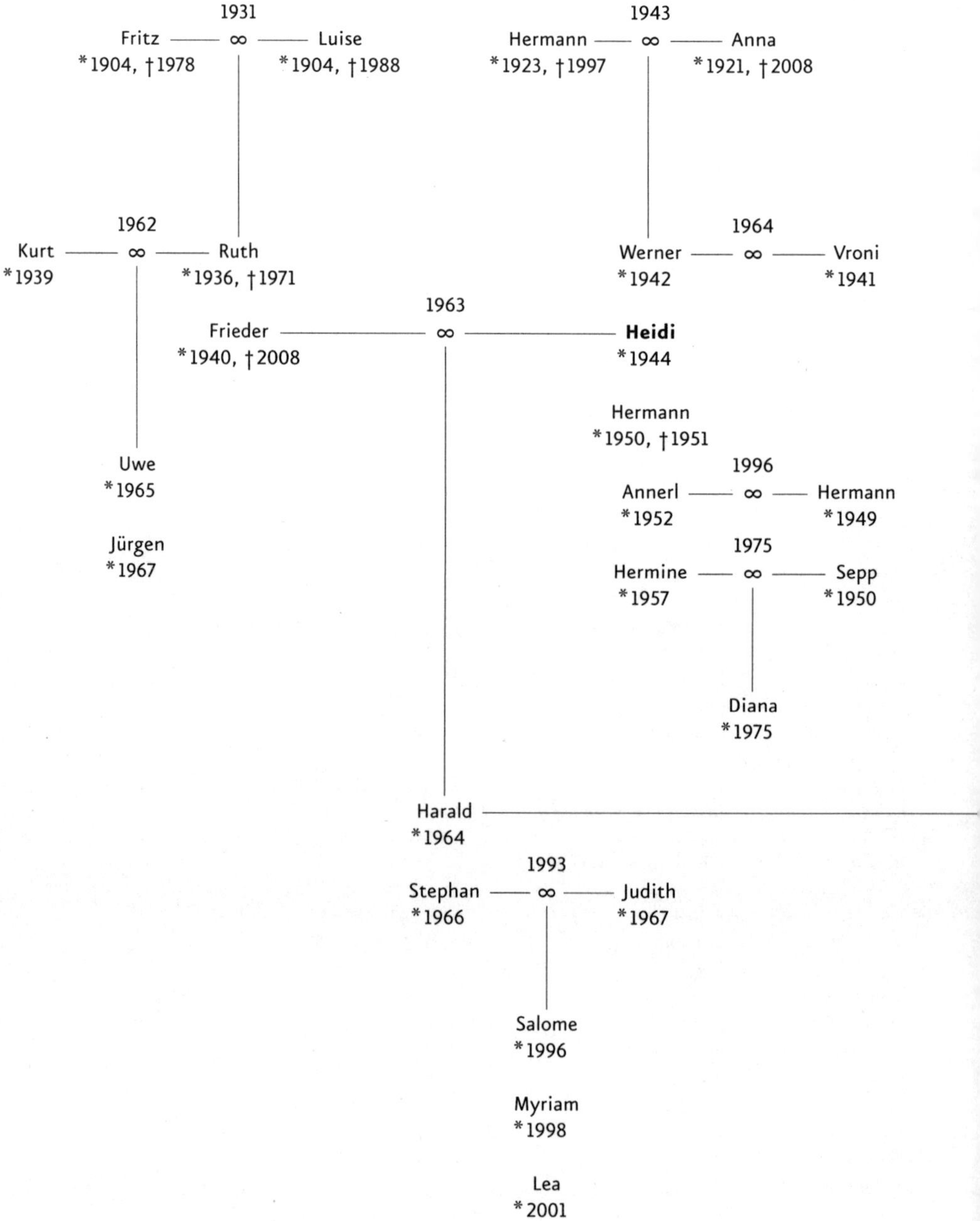

* Geboren † Gestorben ∞ Verheiratet

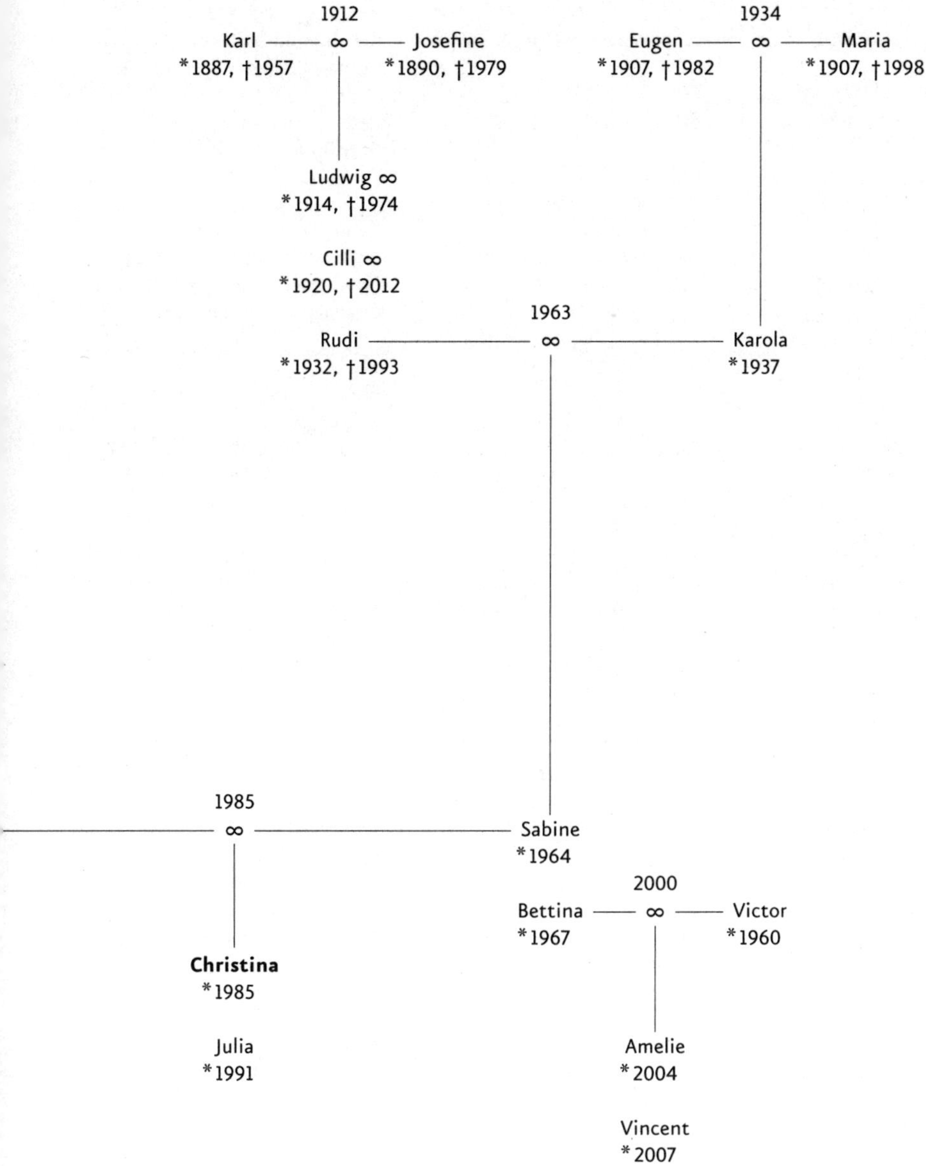
1912
Karl
*1887, †1957
Josefine
*1890, †1979
1934
Eugen
*1907, †1982
Maria
*1907, †1998
Ludwig ∞
*1914, †1974
Cilli ∞
*1920, †2012
1963
Rudi
*1932, †1993
Karola
*1937
1985
Sabine
*1964
2000
Bettina
*1967
Victor
*1960
Christina
*1985
Julia
*1991
Amelie
*2004
Vincent
*2007

Rezeptverzeichnis

▶ **Rezeptseite** ▷ Rezept im Gespräch

Dank

Von ganzem Herzen danke ich meiner Oma Heidi für ihre Geschichten, ihre Rezepte und die gemeinsame Arbeit an ihrer Kochbiografie – für diese titelgebende Wortschöpfung und den Klappentext danke ich Basil Rogger, dem Mentor meiner Masterarbeit an der Zürcher Hochschule der Künste, in deren Rahmen meine Buchidee ihre Form fand. Andrea Grützner danke ich für die wunderbaren Fotografien, Demian Bern für die Beratung bei der Buchgestaltung, Simon Zirkunow für seine vielfache Hilfe und die Internetseite zum Buch, meinen Eltern für das Feingefühl beim Lesen der Gespräche, meiner Schwester für das gedankliche Nachkochen und Überprüfen der Rezepte, Naomi Gregoris und Claudia Sedlarz-Riedinger für das gründliche Lektorat, Christian Hörburger, Jacqueline Beck und Leonie Krähenbühl für ihre präzise Lektüre und wichtigen Anmerkungen, Natalie Brehmer-Baumgartner für das Korrigieren der bayrischen Textstellen, Tom Mrazauskas und Lisa Drechsel für ihren Blick auf die Typografie und Regine Grammlich für die Ideen zur Buchproduktion. Jakob Rauscher danke ich für seinen unermüdlichen Glauben an mich und dieses Buch.

Von der Crowd finanziert

238 Freunde, Bekannte und Unbekannte haben mich über die Crowdfunding-Plattform Startnext unterstützt und die Produktion dieses Buchs dadurch möglich gemacht, dafür danke ich Euch!

Mit Freude nenne ich an dieser Stelle namentlich: Sabine und Harald Schmid, Julia Schmid, grün-blau-weiße KöchInnen, 5chmids (Stephan, Judith, Salome, Myriam und Lea), Basil Rogger, Jakob Rauscher, die Rauschers, Jutta Müller, GALERIE AK2 (Andreas Körner, Winfried Stürzl, Jan Löchte), Freie Kunstakademie Nürtingen und Glenn Müller.

Gedankt sei allen, die mich rund um das Crowdfunding tatkräftig unterstützt haben, besonders Marina Gärtner, Sarah Uehlinger, Sarah Diehl, Antonija Rotim, SchwabenFilm, Flo Stanger, Heike Bader, Kathrin Wesely, Hannah Bickhoff, Reinhard Riesch und Steffen Böhmer.

Ein besonderer Dank gilt meinen Sponsoren Theo Härtner von Häuser für Kinder und Konstantin Milonas von Westend Küchen Stuttgart.

Von der Crowd finanziert über Startnext.

Impressum

Konzipiert und herausgegeben von
Christina Schmid, Stuttgart

Erzählung und Rezepte
Heidi Schmid, Fridingen

Text und grafische Gestaltung
Christina Schmid, Stuttgart

Fotografie
Andrea Grützner, Berlin

Lektorat
Naomi Gregoris, Basel
Claudia Sedlarz-Riedinger, Fridingen/Berlin

Korrektorat
Christian Hörburger, Rottenburg

Reproduktionen
Repromayer Medienproduktion GmbH,
Reutlingen-Betzingen

Druck
Offsetdruckerei Karl Grammlich GmbH,
Pliezhausen

Bindung
Josef Spinner Großbuchbinderei GmbH,
Ottersweier

Schrift
FF Eureka, FF Eureka Sans

Papier
80 g/m² OpakoPlus
90 g/m² Munken Print White 1,8-faches Vol.

Auflage
800 Exemplare

Printed in Germany

Die Deutsche Bibliothek verzeichnet diese Publikation in der Deutschen Nationalbibliographie; detaillierte bibliographische Daten sind im Internet unter http://dnb.ddb.de abrufbar.

1. Auflage, September 2015

ISBN 978-3-00-050131-9

Dieses Buch ist bestellbar unter
www.omaheidi.de

www.omaheidi.de

GSD
TURBO